全国新幼児音楽教育研究会会長
譜久里 勝秀

新装版

6歳までの脳は「絶対音感」で育つ

幼児の感じる力がみるみる育つ「ミュージックステップ」

コスモ21

本書は2003年5月小社より刊行された
『どんな子も100%「絶対音感」がつく』
を改装、改題したものです。

もくじ――6歳までの脳は「絶対音感」で育つ

2章 ミュージックステップで「できる」自信が育つ

3章 「感育」でみんなが「できる子」に

カバーデザイン◆中村聡
本文イラスト◆奥田志津男

プロローグ　幼児はみんな「感じる」天才

幼児たちは、とても楽しそうです。きらきら輝くその目は、先生の表情や動きに集中し、やがて教室中に鈴の音が響くような、清らかな幼児たちの歌声が広がります。「見上～げてごらん～夜の～ほしを……」。頭声発声という発声法による歌声は、高い声が頭のてっぺんからスーッとぬけるようなやさしい感じで、心地よさが耳に残ります。

澄み切った歌唱は、子どもたちの心の中でも共鳴し合い、互いの感動が伝わるのでしょう、うっすらと涙さえ浮かべて集中しています。何度も聞いたことのある曲なのに、そのあまりにも清らかな歌声が心に響いてきて、大人でも思わず涙が出てくるような感動を覚えます。

これは、私が提唱する幼児向けの音楽教育システム「ミュージックステップ（ＭＳ）」を実践する幼稚園や保育園で、ごくふつうに見られる学習風景です。

この教育システムは、幼児の「感じる世界」に徹底してこだわり、そこにおける発育の原理を究明することで明らかになった学習法です。「感じる」ことに著しい興味を示す幼児の特性を活かし、音楽を通して感じる段階（ステップ）を一つひとつ体験していくようになっています。

幼児期における子どもの成長は、一生のうちでもっとも急速に進みます。とくに脳の成長速度はすさまじく、二歳で約六〇パーセント、四歳で約八〇パーセント、八歳では約九〇パセントまで成長してしまいます。しかも、この時期の成長は、幼児自身の「感じる」体験がさまざまに重なって進んでいきます。

赤ちゃんに明るい軽やかな音楽を聴かせますと、自然に赤ちゃんの手足が動いて、目を丸くしてウキウキしだすのを目にすることがあるでしょう。優しいメロディーだと、落ち着いて安心した表情を見せますし、反対に重々しかったり激しいものだったりすると、表情も硬くなり泣きだしてしまうこともあります。こうした赤ちゃんの「感じる」反応は、すでに胎児の状態でも起こっていることがわかっています。

こうして、出生前後から六歳くらいまでの幼児期は、「感じる」世界を中心に成長していきますが、ここで大切なことは、この「感じる」体験が、その後の成長に決定的な影響を与えるということです。「三つ子の魂百まで」とは、幼いときの性質が大人になっても変わらないということですが、まさしく、そのとおりなのです。

残念ながらこれまでは、こうした幼児の「感じる」特性が、さほど重視されてはきませんでした。もちろん、それを活かした教育（私は、これを「感じる教育」、すなわち「感育」と呼んでいます）も確立されていませんでした。ミュージックステップはまさしく、そうした感育のために考案された教育システムなのです。

「感じる」体験をたっぷりと

幼児期の子どもにとって「感じる」状態は、自らの意思でその気になって興味をもち、自ら感じ取ろうとするときに得られます。そのように「感じる」状態を十分に体験することで、積極的に行動する前向きな感性が育まれていきます。

「お行儀の良い子に育ってほしい」「頭のいい子に育ってほしい」「素直な子に育ってほしい」「お勉強が好きな子に育ってほしい」「音楽が好きな子に育ってほしい」「創造性の豊かな子に育ってほしい」「頑張れる子に育ってほしい」……。どれも親ならば子どもに望むことばかりですが、これらは幼児期の「感じる」体験と深く関係しています。

また、幼児期は人間として生きていくために必要な能力を身につけるうえでも大切な時期で、ここでも「感じる」体験が大きな意味をもっています。

さまざまな能力を育て獲得するには、それぞれに「臨界期」といって、それほどの努力や負担がなくても容易に獲得できる時期があります。反対に、その時期を逃してしまうと、獲得するのがきわめてむずかしくなります。

とくに聴覚による言語的な能力や音感的な能力は、その臨界期が幼児期にあります。言語については、障害がないかぎり、どんな子でも二、三歳になれば話せるようになっていきますが、もし、その時期に言葉を耳にする機会を失えば言語的な能力に障害が生じてきます。一方、〝読み聞かせ〟や〝語りかけ〟などのはたらきかけをすることで、子どもの言葉の力をさらに伸ばすこともできるでしょう。

同じようなことは音感についてもいえます。とくに三歳半から五歳半くらいまでが臨界期である絶対音感の獲得は、何となく音楽にふれている程度ではむずかしいのですが、一定の配慮をし、環境を整えれば、どんな幼児でも身につけることができます。

実際、ミュージックステップでは、ほとんどの子どもたちが絶対音感を身につけていますが、そうした子どもたちの様子を見ていますと、音楽的な能力だけでなく、じつにさまざまな能力が育っていることに驚かされます。音を聴き分けることはもちろんのこと、幼児とは思えないほどの深い集中力、けじめのあるきちんとした振る舞い、そして聴力のみならず五感全体の感度がすばらしく、まるで〝高感度のパラボラアンテナ〟をもっているようです。

ミュージックステップは感育に最適の教育システム

「感じる」状態を十分に体験しながら「感じてわかる」状態へと移行していく。それが、六歳くらいまでの幼児期に、子どもたちが通過していく成長のステップです。ところが、私たち大人は、そうした幼児期特有の成長ステップを考慮せず、従来の幼児観で、言葉や理屈にばかり頼って何とか「教え込もう」とするのです。それでも幼児は、未発達な言葉の力で大人の言うことを受けとめようとしますから、「考える」ことに脳をはたらかせるようになり、そのため「感じる」力は、どんどん影を潜めてしまうことになります。

幼児期こそ「感じる」ことにいちばん前向きに集中できるのに、言葉で教え込まれることにばかり慣らされてしまうと、「感じる」ことで自然に得られる自主的、自発的、積極的に物事を吸収しようとする意欲が奪われていきます。その結果、教えられなければできないとか、指示されないと行動しないようになり、自ら感じることで「何かを思いつく」

とか「相手とリズムを合わせよう」とすることも少なくなり、創造性や協調性も育ちにくくなるのです。

では、そのような幼児期の子どもに対して、私たち大人は、いったいどのようにはたらきかけたら良いのでしょうか。

これに対しては、幼児期は何も教えずに、自由に伸びのびとした環境で育てるのが望ましいという考え方があります。たとえば、自然の中で木登りをしたり、虫とたわむれたり、走り回ったりなどさせてあげるのがいいというのです。たしかに、そうしたことはとてもすばらしいことのように感じます。

ところが、そこにおける子どもたちの姿をよくよく観察してみますと、一見拘束されず自由に振る舞っているように見えますが、集団生活に必要な秩序がなく、文字どおりやりたい放題がくり返されています。つまり、そこには、多くの子どもたちと接することによって芽生える「約束ごと」に関する体験に欠けるという大きな欠点があるのです。

幼い子どもは好奇心が旺盛で、規律に対してさえ興味を示します。じつは、この時期こそ、規律（生きるための規準、秩序、ルールなど）を覚えなければならない大切な時期なのに、「自由」という名のもとに放任され、規律に対する感性を身につけないまま小学校、中学校へと進んでいってしまうことがとても多いのです。

大勢の仲間たちと、約束事をしっかりと守り合える環境の中にいてこそ、子どもの規律に対する感性は身につくのであり、この時期にこそ大きく伸びるはずの大切な能力を逓減《ていげん》（しだいに能力が減り、それは生涯戻らない）させないですむのです。

こうした幼児の適時性を考えて開発されたミュージックステップでは、幼い子どもの特性を活かし、音楽とのふれ合いを徹底させます。そこで子どもたちは、「満足いくまで感じて楽しむ」という体験を通して、楽しいからさらに挑戦的に課題に向かいます。子どもらしい素直さを発揮して課題に熱中し、人として必要なすべての感性を芽生えさせます。そして、目標とする絶対音感まで身につけてしまいます。

幼児期には確かな感育を

私は、こうしたミュージックステップに三十年来取り組んできましたが、そのなかで何よりも幼児期の感育の重要性を痛感するとともに、正しく感育を実践するには、いくつかの原則を守ることが必要であることもわかってきました。くわしくは、本文中で説明しますが、ここでそのポイントだけ紹介しておきましょう。

①まず、言葉で教え込もうとしてはいけません。感育は、子ども自身が自然に「楽しく、面白く感じる」ことからはじめるのが肝心です。

②感育は、二歳前後からはじめることも可能で、グループで行なうのがもっとも楽しく、効果的です。

③「手を一つ打つ」というような、どの子でも「できる」体験を十分に重ねながら、「感じる」段階をワンステップずつたどっていく方法が最良であり、近道です。

④「頭声による歌唱」が、幼児が「感じる」世界を体験するのにとても効果的です。「頭声」という言葉は耳慣れないかもしれませんが、ウィーン少年合唱団のような歌声をイメージしてもらえるといいでしょう。この歌唱法は幼児の繊細な声帯を守るのに適していて、しかも、その響きは音楽を深く味わうのに最良です。また、幼児のような小さな声でも歌声が見事に共鳴し合うので、幼児同士が歌いながら感動的な連帯感を味わうことができます。

こうした幼児期の感育のために体系化された音楽教育システムがミュージックステップ

ですが、はじめて接するときは「教えなくても幼児が自分の力で感じとって育つ」という独特のこだわりに戸惑うようです。それは、一般に根強く浸透している「音楽はむずかしい。だから幼い子には、やさしく、丁寧に教えなければ」という考えからきているようです。

しかし、すべての幼児は「感じる」天才であるということさえ理解できれば、ミュージックステップは音楽が苦手、ピアノなど技術的なことに自信がない、といった先生や親でも、子どもたちと一緒に無理なく実践できるようになっています。そして、子どもたちはもちろん、子どもと関わる先生や親も、楽しみながら自らの感性を高めていくことができます。

これからその具体的な内容を紹介していきますが、この本との出合いが、何より子どもたちの未来に大きな可能性を花開かせるきっかけになってくれることを願ってやみません。

1章

「感じる」力が幼児を伸ばす！

「感覚の世界」こそ幼児のホームグラウンド

●どんな幼児にも絶対音感が！

まずは、子どもたちの感動的な場面をご紹介しましょう――。

「さあ、今日はみんなの大好きなことをやりますよー」
「あっ、わかった。先生、作曲でしょ」
「やったー」

教室のあちらこちらから歓声が上がり、子どもたちは目を輝かせながら、先生の次の言葉を待っています。

「いつものように、自分だけでやりたい人は一人で、お友だちと一緒にやりたい人はグループでやってもかまいません。それじゃ、好きなところに座って曲作りをはじめましょう」

先生の合図で、われ先にとお気に入りの場所に散らばっていく子どもたち。五線紙に向かうやいなや、すぐに書きはじめる子がいるかと思うと、天井とにらめっこしながら、まずじっくりと曲想を練る子あり、ほかの子とあれこれアイデアを出し合いながら作業を進

保育園の年長児がつくった曲「はる」

めていく子あり……と、取り組み方はさまざまですが、どの子のまなざしも真剣そのものです。

大抵、いちばん苦心するのが作詞の部分です。次々に浮かんでくるイメージをそのまま言葉にしていくと、ついつい一曲におさまりきらなくなってしまうのです。そんなときは、先生にヒントをもらったりして言葉を整理していくのですが、いったん詞がうまくリズムに乗ってしまえば、もうあまり悩むことはありません。子どもたちの頭の中には、詞のイメージからつむぎ出されたメロディーがひとりでに流れはじめるのです。

二〇分もすると、「できたー！」の声が上がりはじめ、子どもたちは次々とでき立てホヤホヤの新曲を手に、満足げな表情で先生の周りに集まってきます。そして、全員が揃ったところで、それぞれの作品を先生のピアノに合わせて歌って発表し合ったり、鍵盤ハーモニカを使ってみんなで合奏して楽しむ、小さな小さな演奏会がはじまるのです。

そこには、やる気に満ちた幼児だから得られる「感じる世界」と「達成感」があり、みんな心からそれを楽しんでいます。

これは、従来の幼児音楽の常識を超えた音感教育システム「ミュージックステップ（MS）」を実践する幼稚園や保育園で、卒園を間近に控えた年長児たちの学習風景の一コマです。

これまでの音楽教育とは、まったく異なる発想から生まれたミュージックステップの環境のもとで、多くの幼児たちは、楽しく音とふれ合いながら、絶対音感を自然に身につけていきます。そして、年長の三学期ともなると、このように楽器を一切使わずに、まるで積み木で遊ぶように、自由に音を操り、作曲ができるまでになります。

●なぜ、ふつうの幼児に絶対音感が？

いきなり「作曲」やら「絶対音感」などという言葉が飛び出すと、「えっ、なんだかウ

COLUMN 年長の子どもたちが作詞、作曲！

お母さん大好き

りすのバレエ

風　船

チの子とは無縁な別世界の話みたい」と、面食らってしまう方が多いかもしれません。

実際に、実践園の公開保育などで、はじめてミュージックステップというシステムに出合ったお母さん方は、歌や合奏、そして聴音……と、いたるところで発揮される子どもたちの音楽的能力の高さや、大人顔負けの集中力にびっくりされ、

「こんなレベルの高い教育に、ウチの子はとてもついていけそうにないので、やっぱり、よその園に入れたほうがいいのでは？」

と、心配そうに質問なさる方もいらっしゃいます。

しかし、これはまったくの誤解で、ミュージックステップは、未来の音楽家の育成を目指すエリート教育でもなければ、実践園の子どもたちも、特別に選ばれたわけでもない、近所から集まってくる、ごくごくふつうの幼児ばかりです。

ならば、毎日毎日、音楽漬けの猛特訓をくり返しているかというと、これも答えは「NO」で、各実践園でミュージックステップのカリキュラムのために使われる時間は、一日せいぜい二〇分程度です。指導にあたる先生方にしても、かならずしも音楽が得意な人ばかりではなく、なかには、片手でピアノを弾くのがやっと、という先生もいます。

「それじゃ、いったい、どんな教え方をすれば、幼児にこんなにすごい能力が身につくの

か？」という話になりますが、じつはミュージックステップでは、一切「教える」ということをしないのです。

いい替えれば、幼児に「どう教えるか」ではなく、「どうしたら教えなくてもわかるか」を徹底的に追究したのがミュージックステップのシステムなのです。この逆転の発想こそが、子どもたちの音への自発的な興味を育てます。その興味をきっかけに少しずつ「できる体験」を積み重ねることで、子どもたちは「できる面白さ」を味わいます。それは、幼児の挑戦欲と集中力を高め、行動を前向きにします。

このように、ミュージックステップは従来の音楽教育では考えられなかったような驚くべき教育効果を発揮するのです。

●ピアノのけいこがちっとも楽しくないのは、どうして？

「音楽は、基礎からきちんと教えなければ身につかない」――これまで、教育関係者をはじめ、多くの人がそう思い込んできました。まして、相手が幼い子どもであれば、なおさらのこと、「わかりやすく、ていねいに教えてあげなくては」というわけです。

でも、ほんとうにそうでしょうか？

たとえば、幼児にピアノを教えるのに、ほとんどの先生が最初にやるのは、音符の読み方と鍵盤の並び方、それに親指が1の指、人差し指が2の指……という指の呼び方を理解させることです。

幼児にはちょっとむずかしいこれらの約束事をわかってもらうため、ある先生は「身体で覚えさせるのがいちばん」と〝手取り足取り〟熱心に指導し、ある先生は「幼児だって話せばわかる」と、音楽用語を一生懸命かみくだいて説明し、また、ある先生は「できるだけ易しく、親切に」と、音符にカナが振ってある楽譜を使ったり、鍵盤に目印のシールを貼るといった工夫をします。

方法はさまざまですが、いずれも「幼児にわかりやすく、ていねいに教える」という点では、申し分ないように思えます。ところが、この大人が考えた「わかりやすさ」や「ていねいさ」というのがクセ者で、当の幼児にしてみると、少しもありがたくないのです。

なぜかといえば、幼児は、頼りなげに見えても、じつは「自分の思いどおりにやってみたい」という気持ちが強く、「ああしろ」「こうしろ」と細かく指図されたり、ちょっと間違うたびに、いちいち手出しされるのが大嫌い。かといって、まだ十分な理解力もないので、くどくどと理屈を説明されるのも苦手です。そこで、先生があの手この手で熱心に

「教えよう」とすればするほど、幼児にとってはストレスがたまる一方なのです。

さらに、もう一つ大きな問題は、このように先生が一方的に教える環境では、「どうしたらピアノが弾けるようになるか」というような技術論ばかりが優先されがちで、肝心の「音への興味」や「音楽の楽しさ」を幼児自身が感じる機会がほとんどないことです。

「はじめのうちは少し我慢が必要。でも、じょうずに弾けるようになれば、自然に楽しくなってくるもの」というのは、すでに、なんらかのかたちで「音楽の楽しさ」を知っている大人の言い分で、ほとんどの幼児は、まだ音楽に対して漠然としたイメージしかもっていません。

その幼児に、いきなり「楽譜にドと書いてあったら、ドの鍵盤を1の指で弾きましょう」というようなことばかりやらせても、それは単なる条件反射に過ぎず、ほとんどの子どもは、ピアノが弾けるようになっても、ちっとも楽しくなってこないのです。

せっかく幼児期から音楽を習いはじめても、長続きしなかったり、嫌々ながらレッスンに通う子が多いいちばんの理由がまさにこれでしょう。

「そういえば、小さい頃、ピアノのおけいこがユーウツでしかたなかった」

という人も、おそらくこの本をお読みのお母さん方のなかには少なくないはずです。そうしたことから考えても、「幼いから、わかりやすくていねいに教える」という指導法が、実際には幼児の能力や内面性と少しもマッチしていないことがおわかりいただけると思います。

●言葉さえ「感じてわかる」幼児の不思議な力

さて、そこでふたたび、ミュージックステップの話に戻りましょう。

大人が教えようとすればするほど、音楽から幼児たちの気持ちが離れていってしまいます。「だったら、教えなければいい」と口で言うのは簡単ですが、そうかといって、音階やリズム、ハーモニーなど、たくさんの決まり事のある音楽を幼児に「教えずにわからせる」となると、とんでもなくむずかしいことのように思えるかもしれません。

ところが、ちょっと注意して見てみると、日頃から、幼児の誰もがごく当たり前のように、教えられることなく、じつにさまざまなことを吸収していることに気づくはずです。

言葉だってそうです。まったくの白紙の状態から、誰が教えたわけでもないのに、お母さんの語り掛けや周りの人たちの会話を聞いているうちに、ひとりでに話せるようになっている――これは、よくよく考えると、じつにすごいことです。

理解力では明らかに劣るはずの幼児が、なぜ、こうしたことを教えられることなく、いとも簡単に学習してしまうのかといえば、それは、彼らが私たち大人とはまったく違った方法で物事を吸収しているからなのです。

どういうことかといいますと、まず私たち大人にとって、「わかる」というのは、左脳的に「理屈で考えて理解する」ことです。ですから、⬠という図形を見たら、「これは角が五つあるから五角形だな」という認識のしかたをします。

これに対して、⬠という形から感じ取った見た目のイメージをそのまま脳裏に焼き付けてしまうのが幼児です。つまり、物事の捉え方がひじょうに右脳的で、理屈抜きに、周囲のすべてのものを、あるがままに「感じる」ことによって吸収しているのです。

　もっとも、幼児が感じるイメージというのは、最初はごく大ざっぱな印象にすぎず、⬠でいえば、丸とも四角ともつかない変テコな形だったりします。それが、記憶の回数を重ねるほど、また対象への興味が強いほど、細部の特徴まで鮮明になっていき、やがてカメラのピントがピタッと合うように、感覚の力だけで、ほぼ完璧なイメージをとらえることができるようになるのです。

　私は、これを「感じてわかる」という言葉で表現していますが、こうした幼児ならではの能力をもってすれば、いつもお菓子が出てくる場所を正確に記憶したり、身近な人の癖をそっくりに真似るくらい訳もないことでしょう。言葉さえも、語感や話す人の口調や表情、その場の雰囲気などから敏感にイメージを感じ取りながら、しだいにその意味や適切な使い方がわかるようになっていくのです。

　幼児だって大人と同じ人間であることに変わりはないでしょうが、それにしても脳のはたらきそのものがこんなにも違うというのは、なんだか妙な感じがするかもしれません。私たち大人が当たり前のようにやっている「考える」という行為は、「言葉」という道具があって、はじめて成り立っています。ところが、幼い子どもたちは言葉をもたずに生まれてくるので、その〝考えるための道具〟が自由に使いこなせるようになるまでの間は、五感を駆使し、すべてを「感じてわかる」という独自の方法で吸収することにより、自らのハンディを補っているのです。

●「教えずに感じさせる」って、どういうこと？

では、「教えずに感じさせる」とは、具体的にどんなことなのか、実際に行なわれているミュージックステップのカリキュラムのなかから、その一端をのぞいてみていただくことにしましょう。

「高い音と低い音がわかる人はいるかな？」
「ハーイ」
「それじゃ、ピアノの音を聴いて、高いと思ったら立って手をあげ、低いと思ったら座って手を膝に置いてみましょう」

こう言って先生は、ピアノの両極端のいちばん高い音と低い音を弾きます。ところが、はじめて音と出合ったとき、ほとんどの子は、高い音を「小さく響くから低い」と感じて

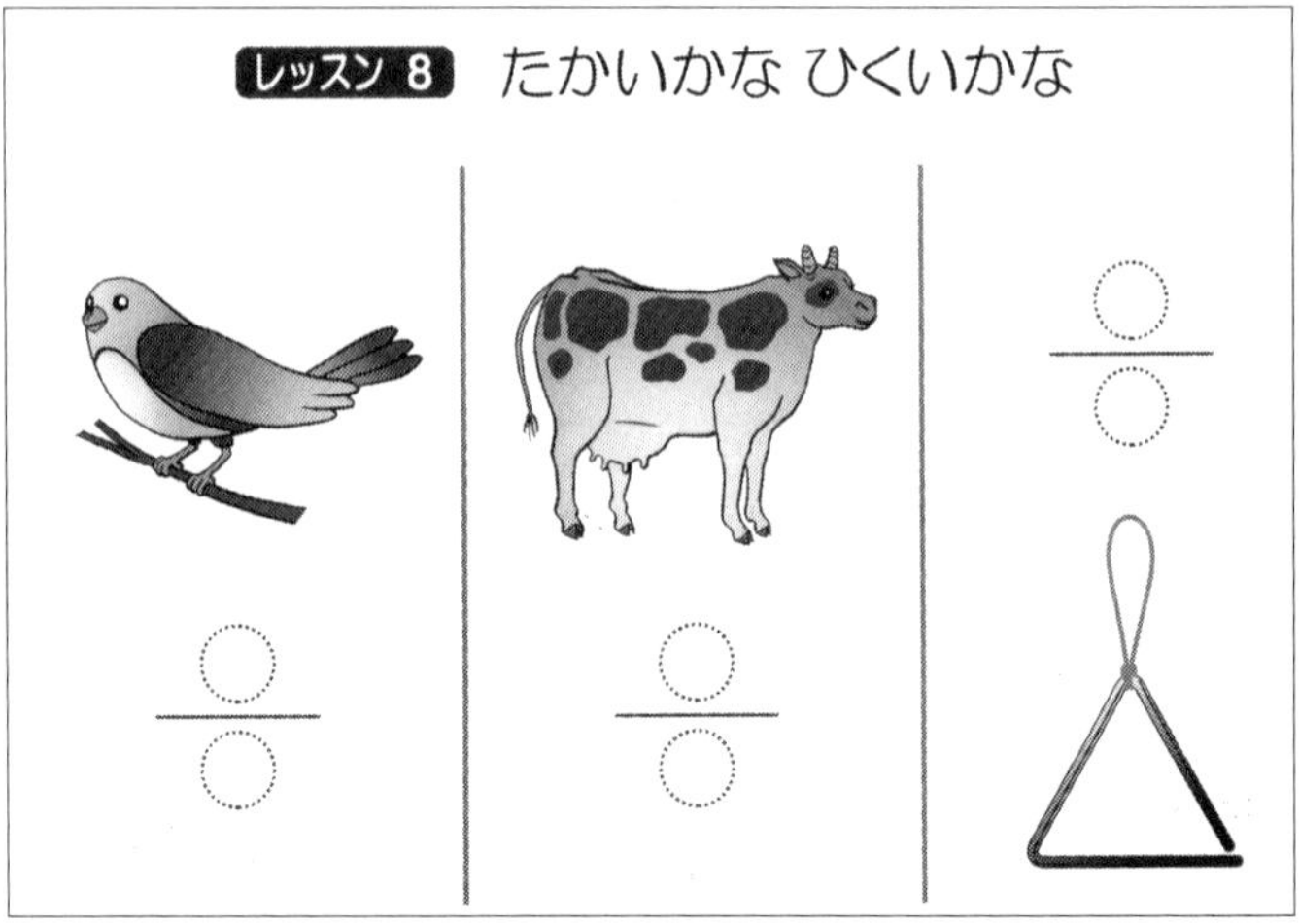

音の高低を教えずに感じさせるカリキュラム

座り、低い音を「大きく響くから高い」と感じて立つ、といったまったく逆の反応を示します。

　ここで、すぐに子どもたちの間違いを正すのが「教える」教育ですが、ミュージックステップでは、あえてそれをしません。

「はい、みんなよく音を聴いて反応できましたね。今度は、目をつぶって、いろいろな音を聴いてみましょう」

　先生は、あらかじめ用意しておいたトライアングルや鈴、うぐいす笛などを順番に聴かせていきます。

「カワイイ！」

と、誰かの声。

「そう、とってもかわいい音ね。じゃ、これは？」

今度は、先生が「モー」と牛の鳴き声を真似してみせます。

「あ、ウシだー」

「そう、牛ですね。それじゃ、ピアノでこの牛の声と同じような音を探してみましょう」

先生は、高い音から低い音まで、いろんな音を弾きながら、だんだん牛の鳴き声にピアノの音を近づけていきます。

「さあ、見つかりました。この音、牛の鳴き声にそっくりですね。じゃあ、今度の音は、何に似てるかな？」

ここで、高い音を弾くと、子どもたちは、さっき聴いたばかりのトライアングルや鈴、うぐいす笛の音のイメージがよみがえってきて、即座に反応が返ってきます。そこで、

「それじゃ、これを聴いてみましょう。牛さんの音から、小鳥さんの音へ滑っていきますよ」

そう言って、先生はピアノで低音から高音へのグリッサンド（急速な音階を滑るように奏すること）を弾きます。

「どんな感じがした？」

「なんか、上がってったみたい」

「どこへ上がっていったのかな？」

「うーん、どっか高いところ」

「すごい、よくわかったね。じゃ、反対に小鳥さんの音から牛さんの音に滑ると、どんな感じかな？」

今度は高音から低音へのグリッサンド。すると、

「あっ、先生、今度は下がったよ！」

「ほんとだ、高いところから落ちてくるみたい」

子どもたちは目を輝かせて、感じたままを言葉にするのです。


いかがですか？　先生は、一度もどれが高い音で、どれが低い音だと教えることなく、巧みにヒントを与えながら、子どもたち自身に感じさせ、自分で答えを見つけさせることに成功しているのがおわかりいただけると思います。

これは、ミュージックステップに取り組みはじめて三カ月ほどの三歳児が体験する、聴音の導入部分ですが、こうしたワクワクするような音との出合いを体験した子どもたちは、

音を「感じる」ことへの興味をますます深め、音楽が大好きになっていきます。

また、幼児が音の記憶を深めていくために、いちばん重要なのも、こうした、自分から興味をもって音を「感じよう」とする意識です。だからこそ、ミュージックステップで育つ子どもたちは、毎日のほんのわずかな積み重ねのなかで、絶対音感の定着さえ可能になるのです。

みんなが「できる子」になるミュージックステップの秘密

●ミュージックステップの原点

そもそも、私が従来の「教える」音楽教育に疑問を感じるようになったのは、今からもう四〇年近く前の、こんな出来事がきっかけでした。

当時、私は音楽教室を開設したばかりで、そこに五歳になる一人の女の子が入ってきました。以前からピアノを習っているということでしたので、早速、弾いてみてもらうことにしました。

すると驚いたことに、その女の子は、右手でピアノを弾きはじめると同時に、大きな声で「イチ、ニ、サン、シ……」とカウントをとり、左手では指を折りながら音符の数を確認しているではありませんか。しかも、そんな必死の努力にもかかわらず、拍子はメチャクチャなうえ、本人はそのことに気づいてもいない様子なのです。

この光景を目にして、私はがく然としてしまいました。おそらく、この子を教えていたピアノの先生は、一つひとつの音符を意識させるために、このような指導をされたのでしょう。しかし、その成果はというと、音楽的にはほとんどゼロに等しい状態だったのです。

そして、音楽を愛する者の一人として、私が何よりも悲しかったのは、彼女が、ただ先生に言われたことをロボットのように忠実に守ろうとするだけで、音を「感じる」という意識がまったくないこと、また、そのために、ピアノを弾くのが少しも楽しそうではないということでした。

もちろん、この女の子の例は、かなり極端なケースかもしれません。それでも、ふと改めて周囲を見回してみると、こうした「教え込み」型の音楽教育を受けた子どものなかに、なんと「音楽嫌い」の多いことか——。

それればかりではありません。幼児期からつねに「教えられる」ことに慣らされて育った子どものなかには、言われたことをそのとおりやるのは得意でも、自発的に行動を起こすことが苦手な子や、一方的な押し付けや強制への反発から、他人の言葉に素直に耳を傾けることができなくなってしまう子が少なくないのです。

「音楽の楽しさを知ってほしい」

「音楽を通じて、感性豊かな子どもに育ってほしい」

　これは、お子さんに「幼いうちから音楽教育を」と考える親御さん方の共通の願いだろうと思います。それが、実際には、多くの「音楽嫌い」や、他人から言われないと何もできない「指示待ち人間」を生み出し、子どもらしい素直さをも奪ってしまっているとしたら、明らかに何かが間違っています。

　もともと、音楽は「感じる」ものです。本能的に「感じる」ことが大好きな幼児にとって、方法さえ誤らなければ、音楽は、その旺盛な好奇心を満たす最高の遊びにさえなるはずなのです。

「では、いったいどうしたら、出合いの瞬間から、幼児自身の自発的な興味を引き出し、『もっともっと』と夢中にさせるような、とびっきり楽しいものとして、音楽を与え続けることができるのだろうか？」

　そんな自らへの問いかけが、一切教えることなく、「できたと感じる」ことからステップを開始することで、幼児の能力を思う存分発揮させる「感育」という、誰もやったことのない教育ジャンルの開拓へと駆り立てる出発点となりました。
そして、さまざまな試行錯誤の末、約一〇年の歳月を経て体系的に確立されたのが、このミュージックステップというわけなのです。

COLUMN 三〇人が三〇人「MS大好きっ子！」

うちの幼稚園ではミュージックステップを実践していますが、当園で公開保育研究会を行なったときのことです。五歳児の保育を見学していた他の幼稚園の先生が、園児にこっそりと、「ねえ、君、MS好き?」と尋ねまわったそうです。すると、決まって「大好きよ」という応えが返ってきます。この先生は、幼児に何かを教え込もうとしても、それに反応しない子が出てくるのがふつうだと思っておられたようで、園児たちの応えは本当かな?と思いつつ、とうとう三〇人にまで尋ねてしまったそうです。

その結果は全員が「MS好きよ、大好き!」と応えたので、ほんとうに驚いたと話してくれました。

これは、うちの園にかぎらず、ミュージックステップを実践している園ならば、どこでも見られる光景のようです。ミュージックステップの課題のなかに、程度の差はあっても幼児自身が「楽しい」「できる」と感じられることが、かならずあります。そうして「感じてわかる」「感じてできる」だから「またやりたい」とくり返すなかで、子どもの心のなかに「やる気」が育っていくのだと思います。
——実践園園長

●「できる子」の法則、「できない子」の法則

さて、こうして「感育」というまったく新しい発想から生まれたミュージックステップは、当然のことながら、学習の内容も進め方も、従来の「教える」音楽教育とはかなり異なるユニークなものになっています。

具体的なカリキュラムの流れについては、3章でくわしくご紹介するとして、ここでは、「教えず感じさせる」という独特の学習環境をうまく機能させるために、システム全体を通してどのような配慮が必要なのか、その基本的なポイントをお話しすることにしましょう。

私が長年の経験から学んだこと、それは、幼児に「できない」「わからない」という体験を多くさせないことです。

それは、感覚的な上滑りを避けたいからです。「できない」「わからない」という上滑り

な状態を続けていると、「感じてできる」だから「またやりたい」というくり返しのなかで能力を身につける大切な成長期を逃してしまうことになります。

ですから、ミュージックステップでは子どもたちが「感じる」段階を一段ずつ踏んでいくようにしています。こんな例があります。

H保育園の三〇人ほどのクラスに、みんなと一緒に反応できない子がいました。担任の先生に聞きますと、「やればできると思うのですが、なかなかその気にならないみたいです」と言います。

そこで、私は担任の先生に次のようにアドバイスしました。「この子にできる体験をさせてみましょう。いちばんいいのは、できている子二人の間にこの子をはさんで、テーマ課題を二回くり返し、それを三日間続けてみましょう。かならず変化が起こります」。

それから三日後、担任の先生から「Yくんが反応できるようになっています」と連絡が入りました。そして、「たった三日間、先生の言われたとおり、三分間ずつくり返しただけなのに、どうしてこんなに変わったんでしょう」という疑問に、私はこう応えました。

「Yくんは、反応できることがどれほど楽しいことかを実感していなかったのです。でも、これからできたという体験がいろんなことに波及していきます。愉しみに待ちましょう」

電話の向こうで先生はしきりにうなずいているようでした。さらに四、五日して、今度はこんなすばらしい報告をしてくださいました。

「あのことがあって以来、Yくんはすごいんです。いろんなことができるようになっているんです。あれほどできなかった鍵盤奏や聴音、聴唱も今ではみんなの仲間入りをして頑張っています」

子どもたちは、自らの意思で感じて行動する楽しさを知り、「できた」という実感をもつことで、こんなに前向きでたくましい子に育っていくのです。Yくんは、その後、文字にも興味をもつようになり、名前も書けるようになったそうです。

●幼児の潜在能力を引き出す「グループ」の力

「感育」には、「グループ学習」という条件も欠かすことができません。一般に、教育現場では少人数クラスを目指す傾向がありますが、多人数による「グループ学習」が「感育」では、とても大きな意味をもっています。

では、いったいなぜ、そんなに「グループである」ということが重要なのでしょうか？

ふつうに考えれば、先生が一度に相手にする幼児の数が少ないほど、子ども一人ひとりによく目が行き届くわけですから、そのぶん学習効果も高いように思えます。そして、この考えを突き詰めていくと、結局、子どもにとって、いちばん理想的なのは「一対一の個人指導」ということになります。

しかし、一対一の個人レッスンの場合、なまじ視線が一人に集中しすぎるがために、先生は、あれこれ細かいところまで気になって、幼児自身に「感じさせる」つもりでも、いつの間にか「教えて」しまいやすいのです。幼児の側も、つねに一人ぼっちで大人と向き合わなければならないため、心細さや依頼心から、どうしても気持ちが受け身になってしまいます。すると、同じ感覚的な取り組みをやっても、「もっともっと！」と挑戦意欲がかき立てられるような、ほんとうの楽しさや気持ちの高まりは生まれにくいのです。

その点、グループ学習では、周りにはいつも、自分と同じ立場の仲間がいます。そのため、ふだん、なかなか自分から行動を起こせないような子どもでも、みんなにつられて「一緒にやってみようかな」という前向きな気持ちが知らずしらずはたらきます。これが、まず第一の効果です。

また、個人指導では、先生にほめてもらうことで、幼児ははじめて「ああ、これでいいんだ」とわかるわけですが、グループなら、たとえば「みんなと一緒に手を叩けた」、「コーデルや鍵盤ハーモニカの音がぴったり合った」という、その瞬間に、幼児一人ひとりが「できた！」と肌で感じることができます。逆に、ちょっとぐらい失敗しても、周りの様子から、「あれ、なんか違うぞ」と幼児自身が感じ取り、他の子をお手本にして、自分で間違いを正すことができます。

つまり、グループのなかでは、子どもたちが互いの存在を感じ合うことで、「教えなくてもわかる」という状況が自然に生まれてきます。だからこそ、先生は「○○ちゃん、ここはこうですよ」と、細かく注意する必要がありませんし、子どもたちも、先生の目を意識しすぎることもなく、のびのびと取り組みに参加できるのです。これが、グループ学習の二つめの効果です。

そして、三つめの効果は、なんといってもその楽しさにあります。全員で同じ目標に立ち向かい、その目標をクリアしたとき、みんなで分かち合う喜びや達成感は、一人のときとは比べものにならないほど大きなものです。

また、そうしたグループならではの盛り上がり、高揚感のなかで、夢中になって課題に挑戦しているとき、子どもたちの「感じる」力もまた最大限に発揮されるのです。

心理学者ミハルイ・シクゼントミハルイは、「人が何かに熱中し、無心の状態で、驚異的な能力を発揮すること」を「フロー」という言葉で表現していますが、子どもたちが楽しさゆえに取り組みに集中し、無心で音に聴き入る姿は、まさしくこの「フロー状態」そのものです。幼児の脳内に、ドーパミンと呼ばれる情報伝達物質が駈け巡り、ただ漠然と音を聞いているだけでは得られないような深い深い音の記憶、すなわち絶対音感が定着していくのも、まさにこうした瞬間なのです。

●先生も「仲間」になってともに感じ楽しむ

こうした感育の環境のなかでは、先生もまた、上から一方的に教える「指導者」という立場ではなく、子どもたちと同じ目線で、一つの目標に向かってともに感じ合い、ともに楽しむ「仲間」なのです。ただ一つ、他のメンバーと違うのは、みんなの先頭に立って、お手本をやって見せたり、できたことに対して、思いっきりほめてあげることで、その場を盛り上げたりする「リーダー」だということです。

「今度は、これ、やろうよ」と、次から次に面白い遊びを思いついて、みんなを引っ張っていくガキ大将のような存在が、ひと昔前までどこにでもいたものですが、ミュージックステップにおける先生の役割は、そんなイメージに近いかもしれません。

ですから、リーダーとしての、大きな腕の見せどころは、一つひとつの取り組みをいかに楽しい遊び、ゲームとして成立させることができるかにあります。

「じゅんび」「ハイ」「ようい」「ハイ」

たとえば、どんな遊びやゲームも、みんなで楽しむためには、ルールを守ることが必要ですが、それを「ああしなさい」「こうしてはダメ」と一方的に押し付けてしまえば、楽しさも半減してしまいます。

ミュージックステップでは、子どもたちが取り組みをはじめるときには、かならず次のようなやり取りをします。

「それでは、しっかり反応してみましょう」

「じゅんび」「ハイ」

「ようい」「ハイ」

「すごい、一回で、きまりましたね。もう一回やってみましょう」

「じゅんび」「ハイ」

「ようい」「ハイ」

「すごい、すばらしい」

こうした基本ルールを、緊張感をもった取り組みとして与えると、子どもたちにとっては達成感を伴った遊びに変わり、楽しいからこそルールを守ろうとします。そして、しっかりルールを守ったときの気持ちよさをくり返し体験することで、しだいに自分から進んでルールを守ろうとする前向きな意識をもつようになります。

これが、ミュージックステップ流のルールの楽しみ方で、そこには大人の強制などまったくありません。

そのへんのところが、子どもの頃からずっと「教える」「教えられる」という関係に慣らされてきた新任の先生が、いちばん戸惑う部分のようですが、そんなとき、私はいつも「学習の進め方が正しいかどうかは、先生自身が『楽しい』と感じているかどうかで判断してください」と、お話しすることにしています。

もし、リーダー役である先生が心から楽しさを実感できていれば、その楽しさはかならず子どもたちにも共有されているはずですし、そうであれば、細かいところで少々やり方が違っていても、「感育」としては立派に機能しているということなのです。

COLUMN

誰でも手軽に楽しく学べる

私がはじめてMSに出合ったときの気持ちは、何かよくわからないが、「何はともあれ、まずやってみよう」というほどものでした。ところが、いざはじめてみますと、びっくりするほど子どもたちの反応がいいのです。「お返事　はい！　楽しく　はい！」。これは、今までとは何か違うと直感しました。

それに、子どもたちと一緒にMSをやっていると、教師である私自身が楽しいのです。昔から音楽が苦手で、音楽の指導にはまったく自信がなかったのですが、そんな私が、あっという間に、MSの世界に引き寄せられていったのです。

「先生、ぼく、できたよ。もっとやりたい」と、子どもたちは瞳をキラキラさせながら、素直な気持ちを私に向けてきます。そんな子どもたちの姿にふれて、私のなかには今までにない指導者としての自信と意欲がわいてきました。

保育を終了した後、園長先生から「様子はどうですか」と尋ねられました。園長先生は、私が音楽を苦手にしていることを知っていて心配しておられたのだと思いますが、私は自信をもって、MSは「やっていて、とても楽しいです」と答えました。

MSでは、楽しいお話からはじまり、心地よい音との出合いがあります。そして、一つひとつのステップで、子どもたちは心から達成感と満足感を味わうことができるようになっています。そんなときに、子どもたちが見せてくれる笑顔は最高です。「また、明日ね」、「えー、もう少しやりたいよ」というところでやめると、子どもたちも私も、次への挑戦を楽しみにして終えることができました。

こうして、MSに出合い、ほんとうに楽しい毎日を過ごしているうちに、一年があっという間に過ぎてしまいました。振り返ると、教師としてそれまでに味わったことのないような充実した一年でした。そのなかで、子どもたちが大きく成長してくれたこと、そして、それ以上に私自身が大きくステップアップさせてもらったことに、心から感謝しております。

――実践園の先生

幼児期にこそ「感育」を！

●一生涯の感性は幼児期に決まる!?

「教えず感じさせる」教育、すなわち「感育」は、幼児の音楽的能力を無理なく高めていくためのすぐれた方法であるばかりでなく、子どもたちの脳の発達にも、大きな意味をもっています。

大脳生理学では、幼児期の脳の成長は一生のなかでいちばん急速に進むことが知られています（図1）。とくに三歳から四歳にかけては驚異的で、八歳頃までに成人の九〇パーセントくらいまで成長してしまいます。つまり、八歳くらいで人間の脳の仕組みや神経回路、生きていくための基本的な能力はほとんどできあがってしまうわけです。

そこで、このことを、大脳生理学的な考え方に基づいて、わかりやすく図解したMS頭脳マップ（図2）を使って、お話ししていくことにしましょう。

まず、図2右下の①の部分を見ていただくとわかりますように、子どもの「感じる」体験は、すでに胎児のときから始まっています。

最初は、聴覚や皮膚の感覚だけを頼りに、ただ受動的に感じるだけの状態ですが、出生と同時に視覚の情報も加わると、脳は急速に発達しはじめ、パターン認識やイメージで記憶することを覚えながら、少しずつ「感じてわかる」能力が身についていきます。お母さんの顔が見分けられるようになったり、「マンマ」「オッパイ」といった、特定の言葉に反応するようになるのもそのためです。

そして、幼児期に入ると、いよいよ感覚吸収は本格化します。好奇心の高まりとともに、

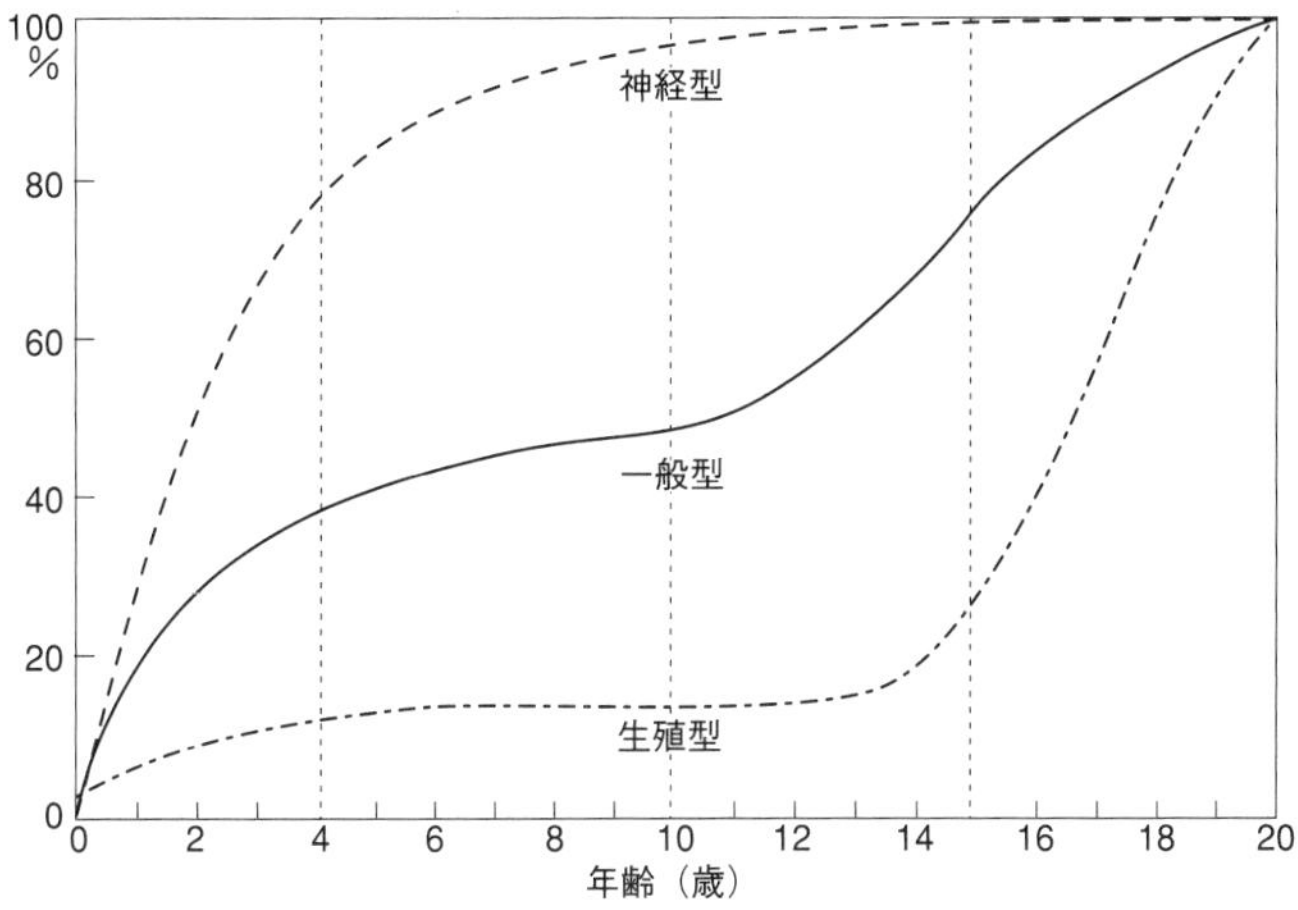

図1　スキャモンの成長曲線

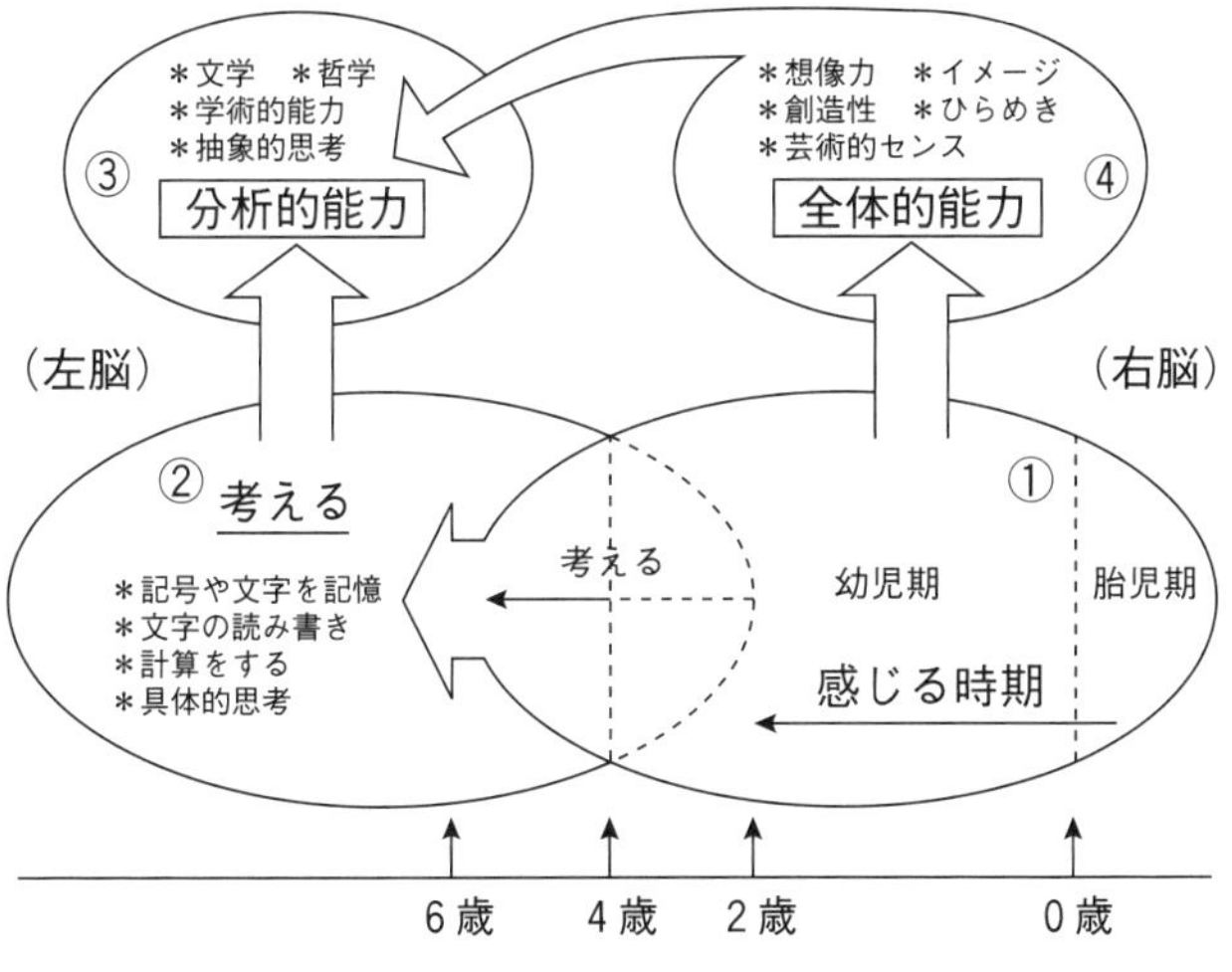

図2　MS頭脳マップ

子どもの意識の大半は、人や物のかたち、色、動き、音……、そして言葉や感情をも含めた、周囲の環境のすべてを「感じる」ことで占められるようになります。

とくに二歳前後からは、感じる内容と言葉が少しずつ結びつくようになり、それまで「ぼんやりわかる」「何となくわかる」程度だったものが、言葉の発達に比例して、しだいに「鮮明にわかる」ようになっていくのです。

一方、およその基礎的な言語能力をマスターする四歳頃になると、「考える」能力、つまり物事を論理的に理解する力も自然と芽生えてきます。「なぜ?」「どうして?」という問いかけが急に増えてくるのも、ちょうどこの頃です。

ただし、ここで幼児の興味が一足飛びに「感じる」ことから「考える」ことへと移り変わるわけではなく、しばらくは右脳的な「感じてわかる」能力と左脳的な「考えて理解する」能力とが、互いに補い合いながら共存しているのが特徴です。

ところが、学齢期を目前に控えた六歳近くになると、そこに劇的な変化が訪れます。幼児の「考える」能力は急激に高まり、脳の発達の中心は、一気に②の「考える」領域へと切り替わっていくのです。

さて、ここで改めて注目していただきたいのが、①の「感じる」領域と、②の「考える」

領域が交わっている部分です。「考える」領域の右端（点線部分）は、「感じる」領域に大きく食い込み、その先端は二歳のところまで達しています。

これは、二歳を過ぎた頃にはもう、幼児本来の感覚吸収だけでなく、「考えて理解する」という学習法にもなんとか順応できる状態であることを示しているのです。

つまり、その気になれば、二歳児のうちから、どんどん知識や理屈を教え込み、その「考える能力（知能）」の発達を早めることも可能なわけです。

「だったら、むしろ、できるだけ早い時期から、知能を伸ばしてあげたほうが子どものため」と、考えるお母さんも多いと思います。しかし、じつは、そこには大きな落とし穴が待ち受けているのです。

一つのことを習得するのにもっとも適した時期を「臨界期」といいますが、幼児期は、まさに感覚吸収の臨界期なのです。そのため、幼児は誰でも「感じる」ことが得意ですし、「感じてわかる」という体験をくり返すことで、その能力を自然に高めていくことができます。

ところが、いったんこの時期を逃してしまうと、潜在的な能力は急速に衰え、もうあとからでは取り返しがきかないのです。これを「能力の逓減《ていげん》」といい、図２の①から②へは大きな矢印があっても、②から①への逆の矢印はないのもそのためです。

別のいい方をすれば、私たちの感性の土台となる部分が完成されるのが、この六歳までの感覚吸収期です。そうしたかけがえのない時期に、自然の流れに逆らって、「感じる」ことよりも「考える」ことを優先させてしまうと、その代償として、「感じる」ことの極端に苦手な、感性の乏しい人間として一生涯を過ごすことにもなりかねないのです。

●左脳を伸ばすには「急がば回れ」

さらに、幼児期の「感じる」体験は、長い目で見れば、その人の感性だけに限らず、〝脳力〟全体にも、大きな影響を及ぼしてきます。

ふたたび、先ほどのMS頭脳マップに戻って話を進めましょう。学齢期の六歳を過ぎ、左脳の「考える」能力が伸びてくると、文字の読み書き、計算、そしてさまざまな知識を吸収しながら、子どもはさらに思考力や理解力を深め、やがて、複雑な理論や抽象的な事柄を理解したり、過去の経験や知識をもとに論理を組み立てる、といったより高度な「分析的能力」（図2の③）をも身につけていきます。

一方、右脳の「感じる」能力もまた、幼児期までにしっかり基礎が築かれていれば、その後も、芸術や文化、自然、人とのふれあいなど、さまざまな感覚的な出合いを通じて、さらに研ぎ澄まされ、それはやがて、物事の本質をパッと大づかみに感じ取る感覚や独自のセンス、ひらめき、想像力といった、その人固有の「イメージ力」とでもいうべき「全体的能力」（図2の④）へと高められていきます。

そして、この両者が互いにバランスよく発達していったとき、左脳の緻密な思考力と右脳の自由なイマジネーションは、最高のコンビネーションを発揮して、広い視野に立ったものの見方や独創的な発想、個性あふれる生きいきとした表現といったものが可能になるのです。また、たえず右脳からの豊かなイメージの刺激を受けることで、左脳自体もさらに発達していくことができます。

ところが、もし、ごく幼いうちから、大人が一方的に教え、「考える」ことばかりを強要してしまったとしたら……。そんなケースをあらわしたのが図3です。

②の「考える」能力こそ、早いうちから伸びはじめているものの、本来幼児期に育つはずの①の「感じる」能力のほうは、点線で示したように、きわめて貧弱なまま臨界期を終えてしまっているため、④の「イメージ力」への高まりは、ほとんど期待できません。

すると、思考は分析的な左脳だけに頼らざるをえませんから、与えられた問題を公式どおり解くのは得意でも、融通がきかず、個性や創造力に欠ける、いわゆる〝頭でっかち〟の左脳型人間になりがちです。さらに、右脳からの刺激が乏しいために、頼みの左脳的な思考力まで、しだいに伸び悩むようになってしまうのです。

六歳までの感覚吸収期には、まず、その時期にしか高めることのできない「感じる」能力を最大限に伸ばしてあげることです。そして、強制によらず、子ども自身が自然と「考える」ことに興味を示しはじめるのを待って、はじめて「考える」学習をスタートさせる――これが、一見、遠回りのように見えて、左右両脳をバランスよく育てていくための、いちばん確かな方法なのです（図4）。

「教えず、心ゆくまで感じさせる」感育というものが、幼児期に必要不可欠だと私が考えるいちばん大きな理由も、ここにあります。

●「MSっ子はどこか違う」と言われる理由

そして、もう一つ見逃すことができないのは、「感育」独特の学習環境が、そのまま幼児の「心」の成長の場にもなっている、という点です。

心も身体も未発達な幼児は、まださまざまな面で周囲の手助けが必要なひ弱な存在です。

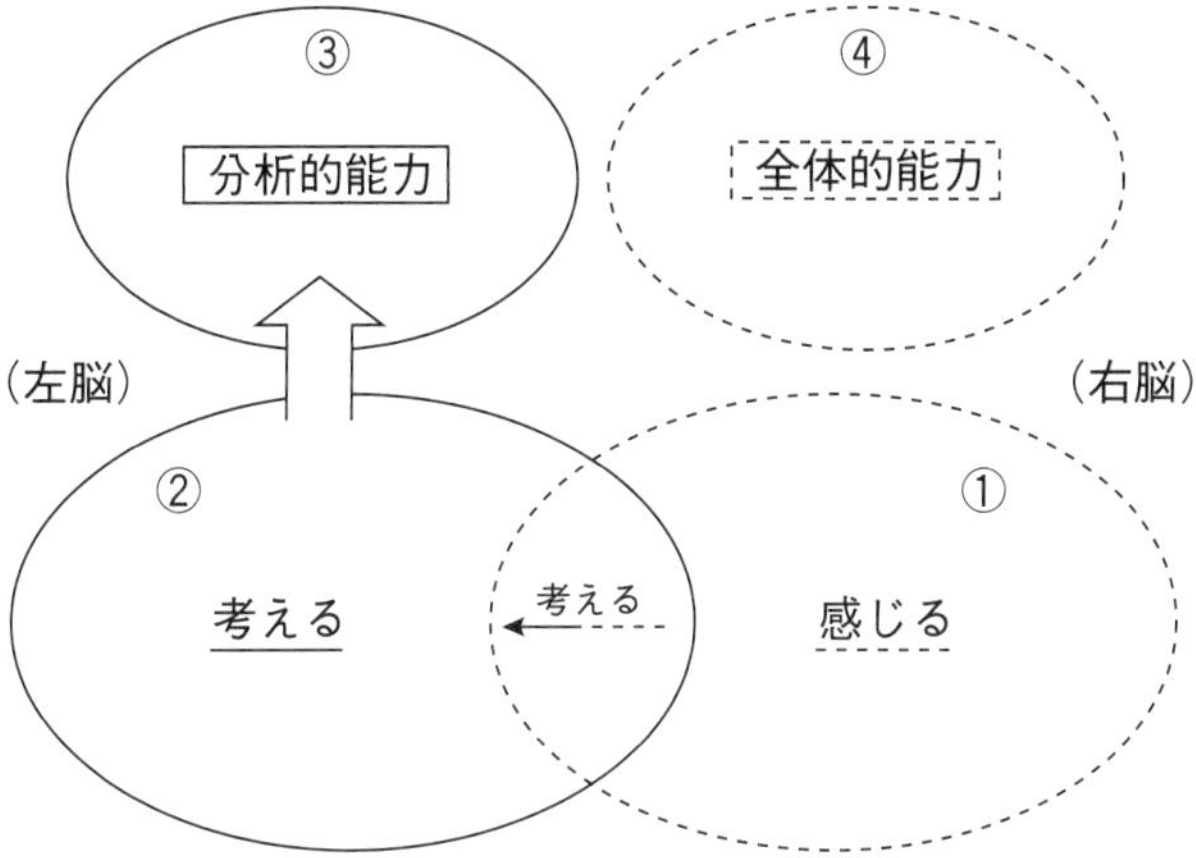

図3　思考先行型の頭脳マップ

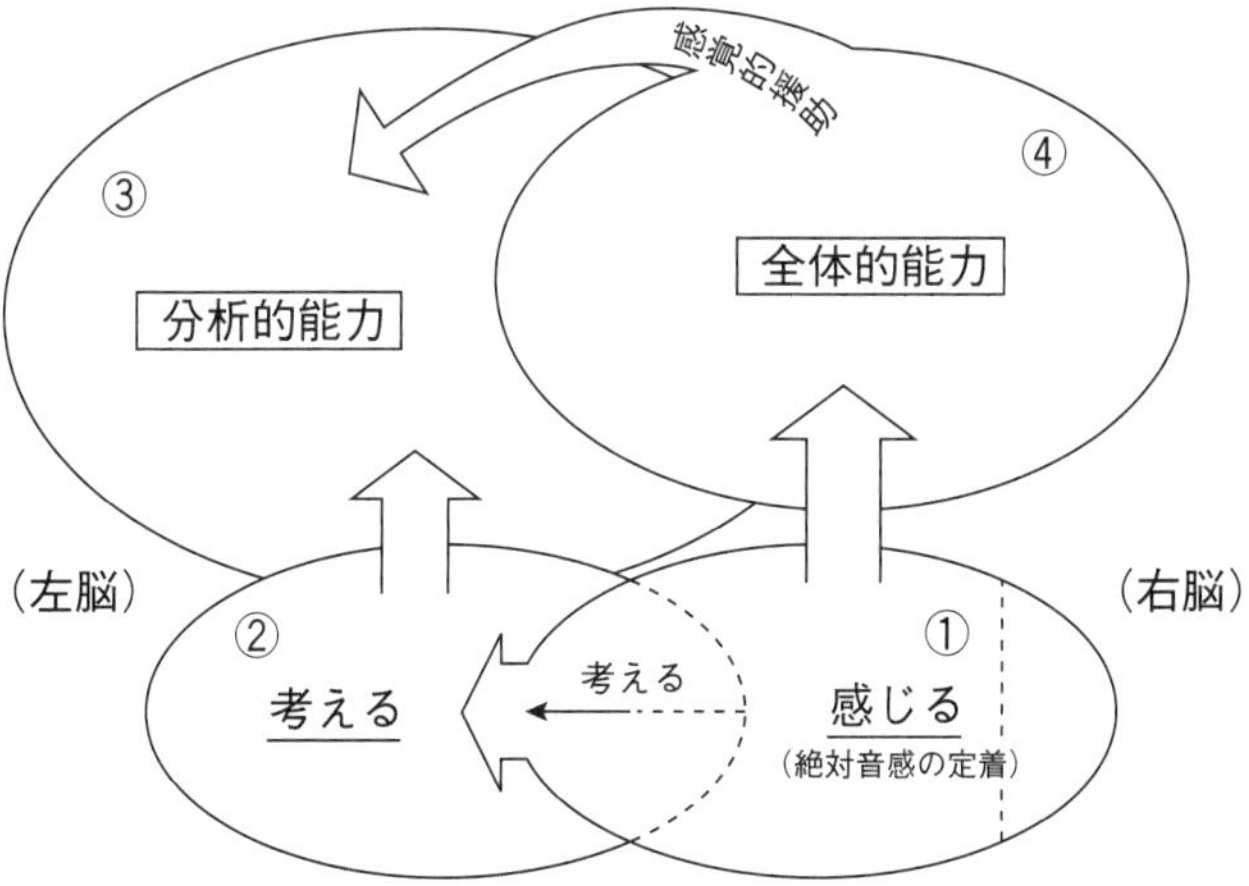

図4　理想的全脳型の頭脳マップ

しかし、だからといって、大人が過保護に世話を焼きすぎたり、逆に「幼いうちは、ただ好きなように遊ばせておけばいい」と無責任に放任してしまうと、いつまでたっても自立心や主体性といったものは育ってきません。

その点、ミュージックステップ（ＭＳ）は、「教えず、幼児自身に感じさせる」という学習スタイルそのものが子どもたちの主体性を尊重したものであることに加え、グループ学習という、自発的な意欲を無理なく引き出す環境があり、また、そこには、つねに「できた！」と実感しながら、一歩一歩着実にステップを積み重ねていける課題が用意されています。

そして、たとえ、ささいなことでも、できたことに対しては、先生がかならず「すごいねー」「よくできたね」と認めてあげる……、こうしたことがくり返されるなかで、子どもたちはしだいに「自分もやればできる」という自信を深めていき、ミュージックステップの取り組みを離れた場面でも、自分から積極的に行動できる子ども、失敗を恐れず、新しいことにも意欲的に挑戦できる子どもになっていくのです。

さらに、みんなが互いに支え合い、感じ合いながら、同じ目標に立ち向かい、自分たちの力でその目標をクリアしていくという、「感育」ならではのグループ体験のなかで、子どもたちは、目的意識や達成感、協調性、責任感、他者との共感や思いやり、ルールを守ることの大切さ……といった、生きていくうえで必要な多くのものを、理屈ではなく、直接肌で感じながら学び取っていくことができるのです。

これに関連して、北海道大学医学部教授で脳科学者の澤口俊之氏が、とても興味深い話をなさっています。

ヒトとチンパンジーの違いというと、まず思い浮かぶのは言語能力ですが、両者の脳を比べたとき、その発達の差がいちばん大きいのは、自分の感情をコントロールし、社会にうまく適応しながら、目的をもって一貫した行動をとる――そのための司令塔である「前頭連合野」と呼ばれる領域なのだそうです。

つまり、動物としてのヒトを「人間たらしめている」のが、この前頭連合野のはたらき、というわけです。

この前頭連合野は、もともと単独で暮らしていた原猿類が群れをつくって生活をはじめたことから進化したと考えられます。たしかに個々の人間は、おじいちゃん、おばあちゃんがいて兄弟もたくさんいる、というような大家族で育ち、近所の人々や同年代の遊び仲間など、さまざまな人間とふれあうことで、自然に前頭連合野を発達させ、社会性や人間

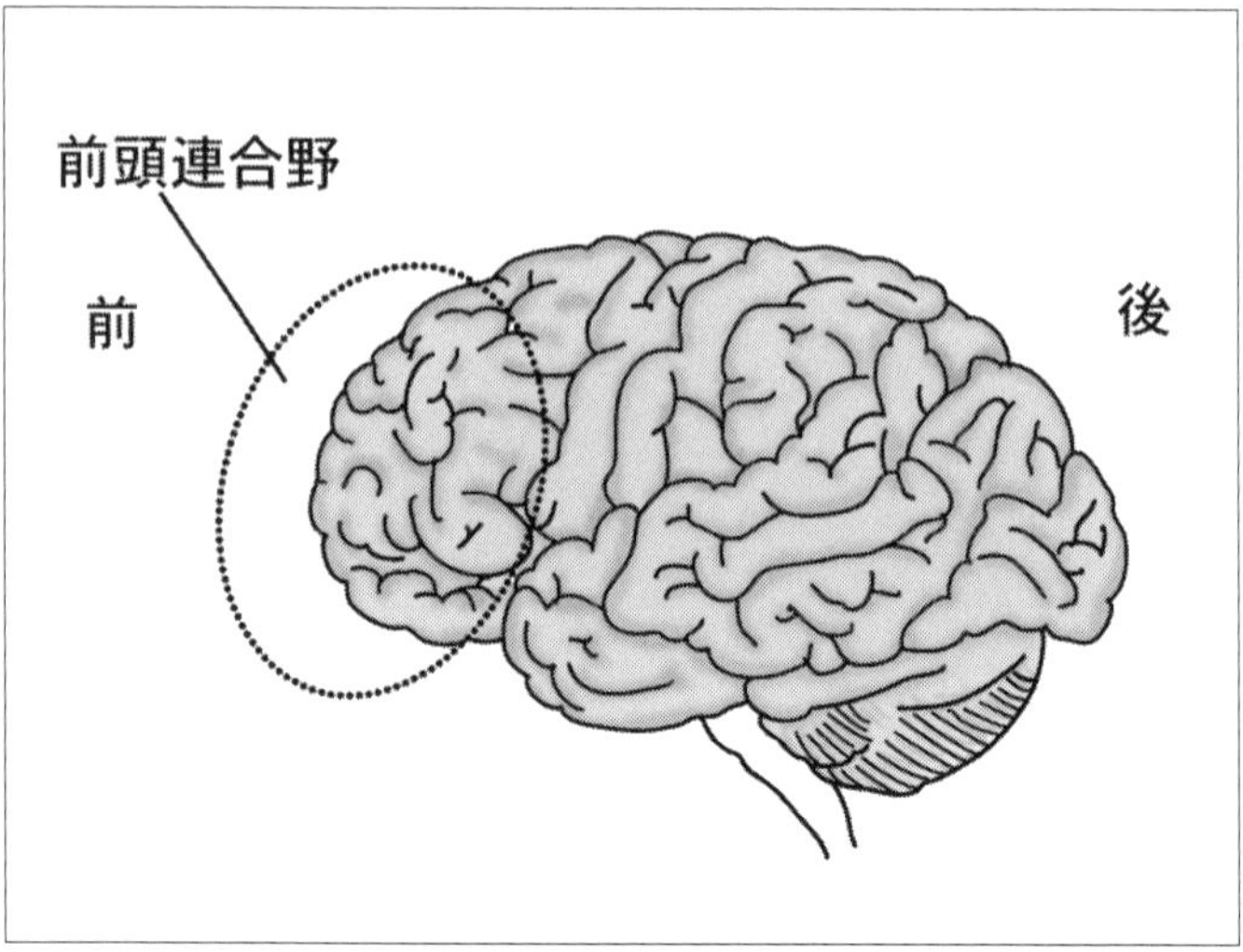

性といったものを身につけてきました。
ところが、最近の子どもたちを取り巻く環境はというと、少子核家族化が進み、地域社会との関わりも薄れる一方なうえ、遊びの中心も自室でのＴＶゲームと、多様な人間関係を体験する機会がほとんどありません。そのため、前頭連合野が未発達のまま成長してしまう子どもが増えています。
事実、ちょっとしたことで感情が抑えられなくなる、いわゆる〝すぐキレる子〟や、落ち着きなく動き回り、学級崩壊の原因ともいわれている多動症の子ども、周囲との人間関係を築けない自閉症の子どもなどの脳を調べてみると、そのほとんどは、前頭連合野に発達障害が見られるといいます。

そこで、こうした前頭連合野の未熟化を防ぎ、健全に発達させるための対策として、澤口氏が挙げておられるのが、「子ども（とくに〇〜八歳まで）に、大人が干渉しすぎない、自由で自発的で複雑な社会関係を体験させる」ということですが、ミュージックステップの「感育」は、その複雑な社会関係をうるおす手段として、幼児の心に訴える最適な環境条件をそろえています。

教育の現場がさまざまな問題を抱える今、実践園の幼児たちや卒園生に出会った多くの方が、いい意味で、

「ミュージックステップで育った子ども（MSっ子）は、どこか違う」

と言ってくださいます。その「違い」は、まぎれもなく、子ども自身が楽しく感じることで右脳から前頭連合野にかけて脳の機能が連鎖的に活性化されるという「感育」のはたらきによるものです。

なお、実際にミュージックステップで育った子どもたちが、どんな能力を身につけ、どんな風に成長していくのかは、2章で、私が直接見聞きしたり、実践園の先生方やお母さん方からうかがった具体的な事例を数多く紹介してありますが、ここで卒園児のお母さんのお話を一つ紹介しておきたいと思います。

●IQが一九一に伸び協調性の豊かな子に

「六歳までは左脳教育をしない。感覚を磨く右脳教育をしなさい」という言葉を信じて三人の子どもを育てました。おかげさまで、幼稚園時代はMSによる「感育」で伸びのびと感性の豊かな子どもに育ってくれているようでした。

卒園後は、公立小学校に入学させましたが、せっかく育った右脳の成長を左脳の成長にもつなげてくれるような教育はないものかと探していたところ、たいへんユニークな英才教育を実践している私立小学校があることを知り、三年生から編入させることにしました。

じつは、この学校は入学時に知能検査があり、将棋に凝って羽生さんの門下生になり全国大会に出ている子や、鉄道マニアの子、馬のことなら競馬評論家が顔負けするほどよく知っている子など、ユニークでIQの高い英才児が揃っているようでした。

うちの子の編入時のIQは一四五でしたが、それまではどちらかというと知能教育は避け、ミュージックステップによる音楽教育や本をたくさん読ませることを主にしてきていたので、はたしてこの学校の教育に付いていけるかどうか心配でした。豊かな「感育」は受けてきたから大丈夫という気持ちはありましたが。

小学校入学時にどんなにIQの高い子どもでも、五、六年生になると伸び悩むことが多いと聞いていました。

それが、うちの子の場合はまったく逆でした。歴史への興味がすさまじく、四年生で吉川英治や司馬遼太郎の本を読みこなし、五年生の夏休みの自由研究では、三〇〇ページほどの歴史小説を書き上げるほどでした。

ＩＱも一七八、一九一と伸びていきました。幼児期に十分、右脳教育をしておいたからに違いないとあらためて実感しました。

もう一つ、右脳教育の大切さを感じたことがあります。この学校にはＩＱの高い子が多いのですが、どうも五、六年生になるとケンカが多くなったり、自分勝手な振る舞いをする子どもが多くなる傾向があるようなのです。

おそらく、左脳教育は十分受けてきているが、感育が十分でないため、協調性が十分育っていないからではないかと思いました。

この点でも、幼児期にＭＳによってたっぷりと右脳教育を与えられたわが子は恵まれているとあらためて感謝しました。幼いときに十分「感育」が施されれば、子どもたちの右脳と左脳はバランスよく育ち、能力豊かで協調性のある幸せな人生を歩んでくれるに違いないと思っています。

COLUMN

小学三年で珠算十段位に輝く

Nくんは、一歳頃からミュージックステップを実践する保育園に入園しました。しかし、一、二歳頃のNくんは、みんなについていくのが精一杯で、積極性に乏しい子でした。

三歳になって、やっとみんなと一緒に行動できるようになりましたが、やはり目立つ存在ではありませんでした。

そんなNくんに大きな変化があらわれはじめたのは、四歳になった頃からです。音感が定着するにつれて鍵盤奏にも興味をもち、いろんなことに積極的に挑戦し、みんなとも一緒に頑張るようになってきました。

こうして、この保育園で四歳まで過ごしたNくんは、五歳になって公立の幼稚園に移った頃に、お母さんから珠算塾に通うことを勧められました。ミュージックステップで味わった、何かに集中し挑戦する楽しさを知っていたからだと思いますが、Nくんは喜んで珠算に取り組みはじめました。

のちになって、お母さんが、「この子の集中ぶりは四カ年の保育園生活で培ったも

2002年（平成14年）　3月4日　月曜日　1版　社会　22

仲尾君（赤道小）が珠算最高位

9歳7カ月　去年は暗算十段と

【具志川】具志川市立赤道小学校三年の仲尾勇亮（ゆうき）君(9)がこのほど、全国珠算教育連盟主催の珠算検定試験で最高位の十段に合格した。九歳七カ月での合格は県内では最年少、全国でも二番目の低年齢という快挙。

一月の試験に挑戦した仲尾君は「（合格には）びっくりした。でも終わった時には合格したと思っていた」と、ひょうひょうとした様子。

母親の勧めで幼稚
時にぐしかわ珠算
に通い始めた。二
からは日曜日も休ま
毎日三時間の練習
んでいる。「合間
ッカーやドッジボ
をするのが楽しい」
りはりのある練習
を結び、昨年一月に
算十段も獲得するな
着実に成果を積み重
の合格。

同珠算教室の瑞慶
塾長は「普段は普通
の子だが、集中力が
らしい。目標の全国
に向け頑張ってほし
とエールを送った。

多くの塾生の前で緊張気味に合格報告する仲尾勇亮君＝具志川市商工会館

ので、その環境を与えてくださった園長先生とミュージックステップには心から感謝しています」と謙虚に園長先生にお話しされたそうですが、Nくんの集中力は年を追うごとに拍車がかかります。小学二年生になると、毎日三時間の珠算練習に励む一方、その合間を活かして、大好きなサッカーやドッチボールなどにも挑戦するなど、とても充実した毎日を送りました。

そして、二年生の一月には暗算で十段位を獲得し、翌年の三月には珠算最高位の十段位を獲得してしまったのです。そのときの年齢は満九歳と七カ月で、全国では二番目の低年齢記録でした。

幼児にとって「絶対音感」って何だろう？

●絶対音感はどんな幼児にも身につく能力

数年前に、『絶対音感』（最相葉月著／小学館刊）というノンフィクションがベストセラーになって以来、それまで音楽の専門用語にすぎなかった「絶対音感」という言葉が、一般の方にもかなり広く知られるようになりました。しかし、そのために言葉だけが一人歩きをはじめ、かえって多くの誤解や偏った見方を生み出してしまった観もあります。

そこで、「そもそも絶対音感とは何なのか？」、そして「ミュージックステップが絶対音感の定着を一つの目標に掲げているのは、なぜか？」といったことについて、あらためて考えてみることにしましょう。

まず、絶対音感とは、楽器などに一切頼ることなく、ドならド、ラならラ、というように聴いた音の正しい音階名を即座に判別できる能力をいいます。

プロの演奏家や指導者でも、絶対音感をもっている人はごく一部であることから、ともすると、音楽一家に生まれ育ったり、幼い頃から厳しい音楽教育を受けたエリートだけが身につけることができる、ひじょうに特殊な能力のように受け止められがちです。

しかし、実際には、遺伝的な要因や楽器の上手、下手（できる、できない）にかかわらず、感覚吸収の臨界期である幼児期に、正しい方法で学習を積み重ねれば、どんな子どもでも身につけることのできる能力なのです。

実際に試してみたことがあるのですが、幼児期でもとりわけ「感じる」能力が高い三～四歳の場合、絶対音感を身につけるのに必要な期間は、最短でわずか三カ月です。しかも、たったそれだけの期間において、左右一〇本の指でバーンとでたらめに鳴らしたピアノの音を、上から「ラ、ファ♯、ミ……」といった具合に、すべて正確に言い当てることができるほど鋭い音感が定着するのです。

ただし、この三カ月というのは、その間、

たとえ短い時間であっても、毎日かならず音を聴かせることが必要条件です。感覚学習にとって反復は欠かせない要素で、「一日休めば、二日後退」といわれるほど、歴然とした差があらわれるものなのです。

そんなこともあって、学期間の長い休みや土日祭日、年中行事……と、どうしても学習にブランクができてしまう幼稚園や保育園では、残念ながら、ミュージックステップのカリキュラムのなかで、すべての子どもが絶対音感の定着を果たせるわけではありません。

それでも、卒園までにはほとんどの子どもたちが絶対音感を身につけていますし、正しく実践さえできていれば、絶対音感の定着率がほぼ一〇〇パーセントという驚異的な成果を上げるクラスも出現しています。そんなクラスに共通しているのは、教室の外まで伝わってくるような盛り上がった楽しい雰囲気（フロー状態）のなかで学習が進められているということです。子どもたちの自発的な興味をどれだけ引き出せるかが、絶対音感定着のための重要なカギであることが、こんなところにもはっきりとあらわれているのです。

●絶対音感で音楽は何倍も楽しくなる！

前出の『絶対音感』という本の中には、音感の定着について「絶対音感があるために、日常生活のなかでサイレンやグラスの響く音まで、すべて音階名を意識してしまうため、かえってわずらわしく感じてしまう」というような否定的なコメントがありました。

しかし、これに関していえば、絶対音感という能力をプラスに受け止めるか、マイナスに受け止めるかは、その人が絶対音感を身につけたプロセスが大きく関わっているような気がしてなりません。

なぜなら、音への興味を感じることなく強制的に音感を身につけさせられた人にとっては、音の記憶そのものが一種の不快感を伴うものであっても不思議はないからです。

残念ながら、私自身は絶対音感をもっていません。それでも、三人の娘はいずれも、私の指導で楽しみながら絶対音感を身につけており、彼女たちを見ていると、つくづく絶対音感があるということをうらやましく思います。

たとえば、彼女たちは、オーケストラの演奏などを聴いているとき、私には聴き取れないような、ほんの微かに響く和音まで、はっきりと感じています。つまり、絶対音感があると、ほんとうに深い奥の奥まで音楽というものを味わい、楽しむことができるのです。

さらに、絶対音感があると、どんな楽器も、その気になればすぐにマスターすることができる、というのも大きなメリットです。

幼児でも、ハーモニカのような簡単な楽器なら、「少しずつずらしながら、息を吸ったり吐いたりしてごらん」とヒントをあげるだけで、一時間もしないうちに立派に曲が吹けるまでになってしまいますし、ピアノやヴァイオリンにしても、指使いなど、基本的なことさえ身につけてしまえば、驚くほど早く上達していきます。音楽にとっていちばん大切な音を感じるという能力が、すでに十分育っているわけですから、それも当然といえば当然のことなのです。

実際、ミュージックステップで育った子どもたちのなかには、小学校、中学校へ行っても、個人レッスンに通ったり、学校のブラスバンドや合唱団で活動したり、自分で作った曲を演奏したり……と、何らかのかたちで音楽を楽しんでいる子どもがほんとうに多く、そのことを私は心から嬉しく思っています。

幼児期に身につけた絶対音感は、少々音楽的なブランクがあっても、消えてしまうことはありません。

だから、「やってみたい」と思ったときに、ほんの少し努力するだけで、いつでも音楽を楽しむことができるのです。そのこと自体が、ちょっと大げさに言えば、子どもたちにとって、人生を豊かにする大きな財産になってくれるのではないかと思っています。

COLUMN　はじめてのピアノ伴奏を見事に

Sさんは、幼稚園時代はミュージックステップの環境で育ち、絶対音感をしっかり身につけていました。お母さんはピアノが弾けるので、Sさんに習ってみないかと聞いてみたそうですが、本人がやらないというのでやめました。それでSさんは、小学校時代にはピアノに触れたこともありませんでした。

そんなSさんが中学一年になったときのことです。学校で合唱コンクールがありました。クラスごとに参加するのですが、Sさんのクラスでは、合唱のときのピアノ伴奏は希望者が手を挙げて選ぶことになりました。

このとき、何を思ったのか手を挙げたSさんに決まりました。Sさんは楽譜をもらって家に帰り、さっそく家でピアノの練習を始めたそうですが、小学校時代にはまったくピアノに触れたこともなかったので、お母さんも心配されたそうです。ところが、合唱コンクールでは見事にピアノ伴奏をこなしてしまいました。

それを見たお母さんは、ほんとうに驚いたようですが、幼児期にミュージックステップで絶対音感を身につけていたからだと思ったそうです。

●絶対音感は「天才」をつくる⁉

さらに、絶対音感と脳の発達の関わりを示すこんな興味深い研究報告が、アメリカの有名な科学誌『サイエンス』(一九九五年二月三日付)に発表されたのをご存知でしょうか。

同誌によると、ドイツのハインリッヒ・ハイネ大学デュッセルドルフ校神経学科のゴットフリート・シュラウク博士らの研究グループは、職業音楽家三〇人と、音楽を学んだことのない、まったくの素人三〇人の計六〇人を対象に、MRI(核磁気共鳴診断装置)を使って脳の断面図を撮影し、左右の脳の状態を比較してみたのだそうです。

すると、音楽家のなかでも、絶対音感のない一九人の脳は、素人の人たちとほとんど変わらなかったのに対し、絶対音感をもつ一一人は、左脳の側頭平面と呼ばれる箇所が、右脳の側頭平面に比べ、二倍近い大きさに発達していることがわかったのです。

ちなみに、左側頭平面は、左脳の中でも、とくに言葉の理解力や数学的能力に深く関係していると考えられている箇所です。

以前から、「絶対音感を身につけた子どものIQは、そうでない子どもに比べ、一〇ポイント以上高い」というような統計的データは数多く報告されていましたが、このシュラウク博士らの研究によって、絶対音感が左脳の発達を促す大きな要因となることが、大脳生理学的にもはじめて実証されたわけです。

また、モーツァルトやベートーヴェンといった音楽家以外にも、歴史に名を残した天才たちのなかには、絶対音感をもっていたと伝えられている人物が少なくありません。

たとえば、ルネッサンスの偉大な芸術家であり科学者でもあったレオナルド・ダ・ヴィンチや、医師にして神学者、哲学者、そしてオルガン奏者としても知られたノーベル平和賞受賞者シュバイツァー博士、そして同じくノーベル賞受賞者で、相対性理論でおなじみの物理学者アインシュタインがそうです。

むろん、だからといって、その人並みはずれた才能は、すべて絶対音感のおかげ、などというつもりはありません。ただ、天才と呼ばれる人たちに共通する独創性やひらめきといったものは、けっして左脳的な論理分析能力だけでは生まれないものなのです。

たとえば、アインシュタインはあるインタビューのなかで、

「私の科学的能力は、直感から来る〝サイン〟や〝イメージ〟、視覚、聴覚、触覚などさまざまな感覚による〝とらえどころのない遊び〟によって生まれたものです」

と語り、さらに自身の相対性理論についても、

「こうした考えが、言葉というかたちであらわれたことはありません。つまり、私は、言

葉を使って考えることはほとんどしないのです」

と述べています。これなどは、まさに右脳的な発想そのものです。

そうしたことから考えれば、幼い頃、絶対音感が定着するほどに積み重ねられた音を「感じる」という体験が、彼らの豊かな発想力、イメージ力に与えた影響は、けっして少なくないはずです。

さらに、先ほどの「絶対音感が左脳の発達を促す」という研究結果も考え合わせると、絶対音感の定着というものが、人間の〝脳力〟をバランスよく発達させ、その潜在能力をフルに引き出すための理想的な条件の一つではないか、という気がしてなりません。

それが、ミュージックステップが絶対音感というものにこだわる、もう一つの理由でもあるのです。

2章

ミュージックステップで「できる」自信が育つ

専門家も感動する高い音楽能力

★東京都の合唱コンテストで見事金賞受賞！

平成十四年二月、都内の熱心な実践園の一つ、I幼稚園の園児たちが快挙を成し遂げました。第一七回東京ヴォーカルアンサンブルコンテスト（東京都合唱連盟・朝日新聞社主催）ジュニア部門（参加資格は小学生まで）に年長児の有志二五名が出場し、見事、金賞、そして特別賞にあたる東京都教育委員会賞を同時受賞したのです。

ご存知のように、音楽会場の大半は就学前の子どもは出入り禁止です。ですから、幼稚園児だけの団体がコンテストに参加すること自体、異例なことなのです。しかも、このコンテストは、審査員がそれぞれ一〇〇点満点の絶対評価で点数をつけ、その総得点によって、金、銀、銅、奨励賞が決まり、基準点に達しなければ賞はなし、という厳しいものです。

そんななかで、平成十四年のコンテストでは審査員五人のうち四人までが九〇点という高得点をつけ、六年目の挑戦にして、はじめて念願の金賞を手にしたわけです。

このときの審査員の方々の講評から、主なものを抜粋してみましょう

第17回東京ヴォーカルアンサンブルコンテストで金賞を受賞した（2002年2月、北とぴあさくらホールにて）

・こんな広い音域を見事に、しかも美しい声、音程で、驚きです。動きなど、大人も真似できませんよ。三曲の構成も見事！

・評を書くのも忘れ、思わず聴きほれ、見とれてしまいました。五歳児の声や表現をよくぞこれまでに揃えられたのには、ただただ感心するばかりです。

・とてもカワイイ、ステキな演奏でした。先生の指揮をしっかり見て、みんなでよく声を合わせていたと思います。二曲目の振り付けもバッチリ決まっていましたね。

・低い音から高い音まで、とてもきれいに、そして澄んだ声で歌ってくださり、すてきな演奏でした。それぞれの曲の速さや雰囲気によって歌い方が変わって、それぞれがとてもすばらしかったです。
・よい演奏をありがとう！　聴いていて胸がいっぱいになりました。音程がしっかりしていること、強弱があることも、この年齢の子どもたちへの認識を新たにしました。

これらの講評をお読みいただいても、金賞がけっして「小さいのによく頑張りました」という努力賞的な意味合いではなく、音楽的にすぐれたものとして、しっかり評価してもらえた結果であることがおわかりいただけることでしょう。

「音感が乏しい」「リズム感がない」「声量がない」といった大人たちの勝手な思い込みから、幼い子どもたちには、ふつうの合唱団ではなかなか活躍の場が与えられません。そして、幼児に対しては「子どもらしく元気に歌えればそれでよし」とするのが一般的な風潮となっています。

しかし、このI幼稚園の子どもたちは、MSの環境のなかで培われた高い音楽的感性と、幼い子どもならではの繊細で美しい歌声によって、見事にそんな従来の常識を覆してみせたのです。

これに刺激されて、平成十五年の第一八回コンテストには、年長の園児一二七人のうち七二人の参加希望がありました。I幼稚園では、子どもたちの前向きな気持ちを尊重し、三団体に分けて希望者全員を参加させることにしました。その結果は、三団体とも同時に銀賞を受賞しました。

選ばれた子どもたちが受賞したのではなく、ふつうにミュージックステップを実践してきた子どもたちが、自ら希望して参加し受賞したのです。この子どもたちは、幼児でも、音楽の専門家を感動させるような表現ができることを立派に証明してみせてくれました。

ミュージックステップ（ＭＳ）では、子どもの声帯に無理のかからない発声法として「頭声発声」による歌唱に取り組んでいます。あまり聞きなれない言葉かもしれませんが、頭のてっぺんから出るような裏声に近い声を出します。専門的には声帯の一部だけを微かに振動させる発声法のことをいいます。くわしくは3章で紹介しますが、あのウィーン少年合唱団のような高く澄んだ繊細な歌声といえば、多少イメージをつかんでいただけるのではないでしょうか。

この頭声発声による幼児たちの歌声は、ほんとうに泉のように澄んでいて、「思わず聴きほれ、見とれてしまいました」というほど聴衆の心に深く響いてきます。聴いていて、自然と涙が流れてくるような感動を覚えましたという感想を聞くこともよくあります。

COLUMN

絶対音感は感度の良いパラボナアンテナ

今日では、少子化や受験のためもあってか、幼少児が加わっている合唱団も数多く見られます。

しかし、一九九六年に、全日本合唱連盟のジュニアコーラスやコンテストにはじめて参加しようとしたときには、幼児が大半を占める団体が出場するという前例がまったくなかったため、参加そのものがむずかしい情況でした。

それでも、何とか子どもたちにチャンスを与えたいと思い、主催団体の方に、事前に録音テープを聴いてもらったり、立ち居振る舞いで会の品格にも迷惑をかけないことを理解してもらったりして、ようやく出場を認められました。

例年そうですが、幼稚園児のカリキュラムの事情から、いつも練習期間は一カ月もありません。それも一日に二〇分の練習を、自由遊びの時間にするだけです。

ところが、それでも子どもたちは気持ちを合わせて、みるみる上達していきます。

それは、日頃からMSの指導を受けている子どもたちが、絶対音感という感度の良いパラボナアンテナをもっているからだと思います。

ふつう、幼児はテンポのよい明るい曲が大好きで、短調の憂いのあるメロディーを歌うのはむずかしいのですが、MSで育った子どもたちは、そうしたメロディーにこめられた心のひだを理解しているかのように歌いこなしてしまいます。

これは、MSによって絶対音感を身につけ、繊細な感覚を育てた子どもたちだからできるのだろうと思います。

「感じてわかる」幼児期にこそ、そうした世界を伸ばす「感育」が何より重要なのだと実感しています。

——I幼稚園・音楽指導の先生

★卒園後も「音楽大好き！」

もちろん、すばらしい音楽的能力を発揮するのは、音楽発表会のような限られた場面においてだけではありません。

お母さん方にお話をうかがっても、

「CMなどで流れてくる曲を、聴いてすぐにピアノで弾いてしまう」

「自分が歌っているとき家族にも『下のパートを歌って』などと言ってくるようになった」

「何か音が鳴ると、すぐに音階名を言い当てるようになった」

「家で音当てごっこをしていたら、その音感のすごさに、お父さんがびっくりしていた」など、日常のなかで、思わず大人たちをハッとさせるような能力や感性を示すエピソードには事欠きません。

さらに、小学生、中学生になっても音楽に興味をもち続け、自分の意志で何かしら楽器を手にしたり、歌や作曲を楽しむケースが多いのも、MSっ子たちの大きな特徴です。

そのなかには、ピアノコンクールの小・中学生の部で、まだ小学一年生ながら二位になった女の子や、ある作曲コンテストで、自作の歌が、約二〇〇〇曲の応募のなかから、見事二四曲の入選作の一つに選ばれた小学三年生の男の子もいます。

また、幼稚園当時、けっして目立つ存在ではなかったある男の子は、中学に入ってからブラスバンドをはじめ、今ではリーダーとして活躍しているといいます。

幼児期という、いちばん「感じる」ことの得意な時期に、心ゆくまで感じさせ、すべての子どもが平等に音楽を楽しめる環境を実現する――それはミュージックステップというシステムに込められた私自身の願いでもあり、そこから巣立っていったMSっ子たちが、その後も、その子なりのスタイルで音楽を楽しんでくれていることは、私にとっても大きな喜びとなっているのです。

COLUMN
いろんな世界に関心が広がった

私は、今、私立の中学校に通っています。みな受験勉強を頑張って入学してきていて、学校の勉強については、優秀なやつだと驚かされる学友もいます。ところが、そんな友達と音楽や美術、映画のことなど、いろいろな話題で話をすると、感じ方や感想の違いに驚くことがあります。豆知識はいっぱいあるのに、感度が鈍かったり、表現が乏しかったり、文章の読み方が浅かったりして、話が盛り上がらないのです。

赤ちゃんの頃から私の周りには、『ペルシャの市場』や『中国寺院の庭にて』、『アイネ・クライネ・ナハトムジーク』など大好きな曲がたくさんありました。就学前から、父に連れられて、小学生と言ってコンサートにも行きました。今は、音楽だけでなく、映画や絵画、能なども大好きで興味は尽きません。——実践園卒園の中学生

★心から音楽を楽しむ

愛媛県のある実践園でのことです。そのとき、ちょうど年中児たちが聴音の取り組みをしているところでした。

その聴音の最中に、一人の男の子が、みんなの邪魔にならないように、そっとトイレに立ちました。

それから、ほどなくして、先生が弾くピアノのフレーズを聴き、正しく階名唱しながら身体反応をする聴唱がはじまった頃、この子が戻ってきました。

そのときです。

私は、とても素敵な光景を目にしたのです。なんと、この男の子は教室に入る前から、誰もいない廊下を歩きながら、目を閉じ、先生のフレーズにたった一人で応えていたのです。

そして教室のドアを開けると、さらに、みんなと一緒に身体反応をくり返しながら自分の席に着いたのでした。

その様子を見ていて、生まれてまだ四年くらいしかたっていないこんな幼い子どもにも自ら音楽を感じ、楽しむ世界が備わってくることにあらためて感動しました。そして、ミュージックステップがその手助けをできていることを心から嬉しく思いました。

もう一つ、例をあげてみましょう。こちらは、沖縄県のH保育園で出合った光景です。

「私、今日はソプラノね」

「それじゃ、私はテナー」

「○○ちゃんはどうする？」

「うーんと……、じゃ、アルトやってみる」

四歳児クラスの仲良し三人組が、何やら相談している様子です。そして、話が決まると、すぐに三人はおのおの鍵盤ハーモニカを手にして、ハイドンの「びっくりシンフォニー」の一節を吹きはじめました。

「きれいだね」

「うん、すごく面白い」

「もう一回やろうか？」

そう言って、何度も何度も、飽きることなく演奏をくり返します。それは簡単に覚えられる程度の短い一節ではありますが、それぞれのパートが絡み合って生まれるハーモニーを感じるのが、楽しくてしかたないようなのです。

どちらのエピソードも、実践園での日常の何気ない一コマですが、MSっ子たちが、音を感じること、そして音楽そのものを心から楽しんでいる様子がおわかりいただけるのではないでしょうか。

COLUMN

仲良し二人組が古典舞踊で新人賞を受賞

幼稚園の頃のMちゃんとSちゃんは、ミュージックステップが大好きな仲良し二人組でした。ミュージックステップで心から音楽を楽しむ環境に恵まれた二人は、幼稚園での三年間、毎日を楽しく過ごしていました。何かにつけて集中力がものすごく、年中頃には絶対音感を身につけ、合奏などではクラスの中心になって活躍しました。

そんな二人は、小学校に入って、何か挑戦的で集中できるものを探していたのだと思います。琉球の伝統芸能に熱中するようになりました。一般に、この種の芸能を身につけるには、長期にわたる修行が必要です。ところが、すでにミュージックステップで培った集中力や音感、柔軟性などを備えていた二人は、中学生ながらも短期間でその奥義を会得し、それまでは大人にしか与えられなかった古典舞踊の新人賞を獲得しました。

幼児期に心から音楽を楽しむ環境にいたことが、こうしたすばらしい結果を生んだのだと思います。

★語学学習にも高い潜在能力を示すMSっ子たち

ちょっと意外かもしれませんが、ミュージックステップの環境のなかで育った子どもは、一見あまり関係のなさそうな語学の分野でも高い潜在能力を示すことが珍しくありません。

これは、あるミュージックステップの実践園の園長先生から伺った話ですが、その幼稚園では、他のもう一つの園とともに、週に一回外国人の先生を招いて英会話の時間をスタートさせました。

新しい試みということで、園長先生も「どうなることとか」と心配されたようですが、当の園児たちは、初回から「ノリノリ」の状態です。生まれてはじめて出会う外国人の先生や、聞き慣れないネイティブの発音にもまったく臆することなく、一回二〇分というほんの短い時間のなかで、あいさつや簡単なやり取りをすぐにマスターしてしまいました。

ところが、もう一方の園の話を聞いてみると、子どもたちの反応は今一つで、双方の学習の状態には、かなり大きな差があるらしいのです。

英会話の学習に限っていえば、両園はほとんど同じ条件ですから、「いったいなぜ?」と首を傾げるところですが、私はすぐにピンときました。

絶対音感が定着するほどに、音を感じる力を身につけた実践園のほうのMSっ子たちは、ミュージックステップの環境にふれたことのない一方の園の子どもたちとは比べものにならないほど、鋭敏な「耳」をもっています。それが、日本語とはまったく異なる外国語の発音に出合ったとき、音として瞬時に感じ取り反応する能力の差としてあらわれたのだと思います。

さらに、日々の取り組みのなかで高められた集中力や積極性を考えれば、この結果はむしろ当然といってもいいでしょう。

このように音楽同様、「耳」のよさが大きな強みとなる語学でも、すばらしい能力を発揮するMSっ子は多く、実践園を巣立っていった子どもたちがその後、語学の道に進んだ、という話もよく耳にします。

また、私の一二歳になる孫娘も、ミュージックステップで育ち、楽しみながら絶対音感を身につけた一人ですが、彼女も、英検二級を取得したり、世界各国でベストセラーとなった『ハリー・ポッター』シリーズを原語で読むのに挑戦してみたり、と英語には興味津々です。また、日本語に吹き替えていない海外の映画やドラマを観ながら、

「私、この役者さんの話し方が好きなの」

と言って、その場ですぐ真似をしてみせることがありますが、その出来は、私も思わず

舌を巻くほどです。

　インターネットをはじめとする情報技術の進歩により、これまで以上に国際人の育成が求められている現在、MSの環境のなかから、こうしたすばらしい能力を備えた子どもたちが次々と育ってくれているのは頼もしいかぎりです。

COLUMN

「幼児期のすばらしさを知った」

　省みれば三年前の今頃、毎日泣きながらバスに乗り込み、連日のように職員室でお漏らしのお着替えをさせていただきました。本人の性格と自宅が園から遠いこともあり、友達がなかなかできず、親子でたいへん心配しておりました。

　それが、園での行事を一つひとつ体験するにつれて、少しずつですが自分でできることが増え、自信をもつようになっていくのが見ていてよくわかりました。

　節目ごとに園長先生から頂戴する連絡文やお話を通じて、園長先生の教育に対する熱い情熱と信念が伝わってまいりました。子どもの可能性を信じて、あらゆる機会を提供し、子どもがもつ潜在的な能力を自然体で引き出す努力の大切さを教えていただきました。

残念ながら、わが家で実践できたことは限られておりましたが、この三年間がいかに子どもにとって貴重な時期であるかを知らずに過ごす人が多いなかで、MSを実践する当幼稚園に通ったからこそ幼児期のすばらしさを知り得たことに感謝しております。

園での教育は、ときには幼い子どもには少々過剰ではないかと感じたこともございましたが、子どもたちは案外自然に受けとめ、立派な結果を楽しそうに出していることに驚きました。とくに音楽発表の内容は、このあたりの小学校高学年並に達しているお子さんが多いなと感じました。また、英語の先生とも楽しみながら、本格的な発音を無意識にするのにはびっくりしました。俳句やことわざ、百人一首もやればできるのだと驚きました。

この三年間のご指導を心より感謝申し上げます。

——園児の父親

「感育」が幼児の内面を豊かに

★心温まる二歳児の思いやり

沖縄県のI保育園をお訪ねしたときのことです。園児全員が一堂に会しての頭声発声の練習が終わったところで、二歳児クラスのリトミックの状態から見せていただこうと、私は教室に入っていきました。

するると、ちょうどそのとき、一人の男の子がみんなの列から離れ、脇に片付けられていた重い椅子を引っ張り出そうとしはじめたのです。

「どうしたの？　今はリトミックだから、お椅子はいらないのよ」

担任の先生がそばへ行くと、その男の子は、何かを訴えるかのように、目を赤くして、椅子を持つ手にさらに力を込めます。

「どうしてもお椅子がほしいの？」

「うん」

「なら先生が取ってあげる」

こうしたやり取りがあって、担任の先生は男の子に椅子を渡してあげることにしました。

するとどうでしょう。男の子は満面の笑顔を浮かべ、その椅子を小さな身体で一生懸命、私のほうへ運んでくるではありませんか。

そう、この子は、教室の隅に立ったまま学習の様子を見ていた私のために、椅子を用意してくれようとしていたのです。

「ありがとう」

私は、その子のやさしい気持ちに思わず胸が熱くなって、それ以上言葉を続けることができませんでした。

また、別の園では、私が体調を崩し、三カ月の入院生活のあと久々に訪れると、年長クラスの教室に入るなり、「先生、もう治ったの?」と、子どもたちがワッーと一斉に集まってきて、みんながその小さな柔らかい手で、私の手や身体にやさしく触れてくれました。

「こんなにも私のことを心配してくれる子どもたちがいる」

そう思ったとき、どれほど励まされ、勇気づけられたことか——。

心から相手のことを思いやり、自発的に行

動を起こす、ということは、私たち大人ですら、頭でわかっていてもなかなか実践できないことです。

それを、幼い子どもたちが、誰に言われるでもなく、ほんとうに自然に言葉や行動にあらわすことができるのです。

そしてまた、どこの実践園でも、子どもたちは、私にだけでなく、はじめて訪れた来客にも、向こうから進んで気持ちのよいあいさつをしてくれます。

そうした光景に出合うたびに、私は、こんな素敵なMSっ子たちを心から誇りに思います。それと同時に、けっして教え込まず、グループのなかでともに共感し合う「感育」の環境が、幼児の内面的な成長や感性の豊かさにも、大きな意味をもっていることを改めて実感させられます。

★自力で頭声をマスターした双子の兄弟

「ふくざと先生、あのね、ボクたち、頭声ができるようになったよ。聴いて、聴いて！」

あるとき、沖縄県のY幼稚園を訪れると、年長の双子の男の子たちが、興奮気味に私に駆け寄ってきました。いつも元気いっぱいのこの二人は、クラスのリーダー格で、ミュージックステップの取り組みでも、いつもみんなを引っ張ってくれる頼もしい存在です。ところが、こと頭声発声になると、なかなかコツがつかめず、二人の地声がクラス全体の足を引っ張るかたちになっていたのです。

そんな経緯があったものですから、

「ホント、すごいね。ちょっと歌ってごらん」

と言ったものの、正直なところ、あまり期待はしていませんでした。

ところが、二人が真剣な面持ちで歌い出したその声は、まぎれもない、澄み切った本物の頭声だったのです。

頭声発声による合唱は、一人でも地声が混じっていると、すべてが台無しになってしまいます。そのことを自分でもよくわかっていた二人は、家に帰っても、一生懸命練習を続け、ついには、頭声をすっかりモノにしてしまったのです。

その自分から困難を乗り越えようとする意志、責任感――なんとすばらしい幼児たちでしょう。

そのとき、私は、彼らの言葉に半信半疑だった自分を恥ずかしく思うと同時に、「よくぞここまで」と、感動で胸が熱くなるのを抑えることができませんでした。

COLUMN

頭声でSくんの感性が見事に開花

困ったことに、Sくんはみんなのように頭声の声がうまく出ません。耳はいいのに、声の出し方がわからないのです。あるとき、そのことを譜久里先生に相談すると、「犬の遠吠えをやってみたらいい」とアドバイスされました。そのことをSくんのお母さんに電話するとお留守だったので留守伝に「犬の遠吠えを練習してください」とメッセージを入れておきました。それからが凄い。あのメッセージをお母さんは実行してくれたのです。

次の歌のレッスンのとき、信じられないことが起こりました。Sくんは見事な頭声で歌えるようになっていたのです。たった一度遠吠えで声を出しただけで頭声をマスターしていました。

そんなSくんが、1月の定期演奏会で二〇曲歌わなければならなくなりました。Sくんにとってはどれも新しいものばかりでしたが、お母さんと一緒に家庭でもテープを聴いて練習していました。そして、当日は、生きいきと自信に満ち、すばらしい表情で歌うことができました。お母さんは、もう涙、涙でした。

ＭＳを通して培ったＳくんの感性が見事に開花したのだと思います。また、幼児期にこうした感動的な体験をしたことはＳくんのこれからの人生に大きな力となると思います。

Ｓくんは、今は、文武両道だけでなく、大好きな音楽も楽しみながら充実した小学校生活を送っています。

――実践園の先生

★子どもたちだけでパート練習

もう一つ、よく似たエピソードをご紹介しましょう。これは、発表会を間近に控えた鹿児島県のある実践園を訪問したときのことです。園長室に通された私は、どこかの教室から聞こえてくるマリンバの音に何気なく耳を傾けていました。どうやら二人でマリンバを叩いているらしく、同じ箇所を何度もくり返し練習しています。

そのあまりに熱心な様子に、

「ははあ、恐らく、発表会に備えて、先生がパート別に苦手な箇所を指導しているんだな」

と、私なりにその情景を想像しながら、音のする部屋へそっと足を向けてみました。

すると、そこにいたのは、年長の女の子二人だけでした。予想に反して、先生の姿はどこにもありません。

聞けば、この子たちは、二人で話し合って、自分たちだけで、納得のいくまでパート練習をくり返していたというのです。

練習の成果もすばらしく、終わり頃には、音の間違いやリズムの合わない箇所もほとんどなくなって、二人の女の子はいかにも満足そうな顔で部屋を後にしていきました。ふつう、五歳の女の子が、ここまで「できる」ということにこだわり、自分の意志で納得がいくまで練習をくり返すものでしょうか？

あとでうかがった話では、この園では、発表会が近づくにつれ、自分の担当楽器を練習するために、自主的に朝早くから登園する子が増えてくるのだといいます。そして、さらに興味深かったのは、自分のパート練習に必要な楽器が空いていない場合、多くの子どもが、余っている楽器で他のパートを演奏して楽しんでいる、というお話でした。

こうした例は、誰かに言われてやるのではなく、自分の意志でやる――そんな「感育」の環境だからこそ、幼児一人ひとりに自然に育まれていく主体性、内面のたくましさ、といえるでしょう。

COLUMN

自信に満ちた内面のたくましさに感動

東京のI幼稚園の音楽発表会に、合唱の伴奏とゲスト演奏のために招かれました。園の先生にお話を伺うと、毎年、会場の都合や園児という事情からリハーサルなしのぶっつけ本番で当日を迎えるそうです。年少、年中、年長とそれぞれ一〇〇人以上の幼児たちが、ふだんの練習成果を発表するには不利な条件下でも、じつに高いレベルの演奏や合唱を披露する姿に、ほんとうに驚かされました。

たとえば、合唱では頭声を意識した無理のない発声で、高音部もしっかり歌い、リズムをきちんときざみ、抑揚や強弱、フレーズ感も十分に表現しながら、想像以上の歌唱力を発揮していました。とくに、年長児の発表は、二部になったり、オブリガードが入ったりと、技術的にも巧みでした。

このような音楽能力の高さは、ほんとうにすばらしいものでしたが、それ以上にびっくりしたのは、舞台裏で出番を待つ子どもたちの表情や態度です。発表会は三時間以上かかりましたが、年少の三歳児でもステージ横で全員が床に座って待っています。その間、ときどき小さな声でおしゃべりするのが聞こえるくらいで、じつに静かに待っています。また、合唱や演奏に対して自信があるのでしょう、一人ひとりの表情には落ち着きがあり、余裕さえ感じられました。

幕あいのステージへの移動は暗いなかで行なわれますが、おしゃべりもなくスムーズで、この年ごろの子どもに見られるようなフラフラしたところがほとんどなく、じつに堂々と振る舞っていました。

ステージに上がる際には、大人でも心の状態が表情に出てしまいやすいものですが、ステージに立つ小さな子どもたちの表情は、どれも「僕の、私のステージを見て」と、自信に溢れた内面的な強さを感じさせるものでした。

——チェロリスト

本物の「できる体験」が「できる子」を育てる

★学級崩壊寸前のクラスを立ち直らせる

実技講習のため、ある保育園をお訪ねしたときのことです。三歳児クラスの状態がいつになく悪いため、事情をうかがうと、担任が病気のため、二学期から急きょ新任の先生が担当になったとのこと。不測の事態とはいえ、ミュージックステップの経験のない先生がいきなり交代するのはやはり無理があったようで、現状は学級崩壊寸前でした。子どもたちは席を立って好き勝手に動きまわり、以前の担任が元気だった一学期の状態とはまるっきり違ってしまっています。

これはなんとかしなければと、私は先生に代わって、みんなの前に立ち、まずはあいさつをしてみました。

「みなさん、こんにちは。よろしくお願いします」

「よろしくお願いします」

二、三人の子どもだけが、バラバラに応えます。

「元気を出して、もう一度言ってみましょう。よろしくお願いします」

「よろしくお願いします」

「お、元気になってきたね。よろしくお願いします」

「よろしくお願いします」

こんなやり取りを五、六回くり返したでしょうか。はじめはまったく関心を示さなかった子どもも、最後には笑顔になって、大きな声で応えてくれるようになりました。

幼い子どもたちは、じつは、こうした同じことのくり返しが大好きです。それは、連続発展といって、くり返すごとに目標がはっきりと定まり、その都度、子どもたちの挑戦意欲も膨らんでいくからです。

遊びの達人である子どもたちにかかると、このような単純なあいさつでさえ、たちまち楽しい遊びになってしまうのですが、このクラスの幼児たちは、不慣れな新任の先生に代わってから、そんな心のときめきも忘れてしまっていたらしいのです。

さて、これからがいよいよ本番です。

「さあ、先生と一緒に合わせてみましょう。じゅんび！」

「ハイッ」

「ようい！」

「ハイッ」

あれほどバラバラの状態だった子どもたちが、二回ほど掛け声をくり返しただけで、しっかりと背筋を伸ばして集中しています。みんなが自発的にやる気を見せはじめた証拠です。

すかさず「さん、ハイッ」の合図で、次の課題をスタート――。

「ひくいおとドドド　たかいおとソソソ　おひざとかたで　ソ、ソ、ドドド」

これは、ドとソを感じるためのテーマ課題です。私がいきなり歌詞を歌いながら、ドの

ときは膝、ソのときは肩を叩く身体反応をはじめると、子どもたちも見様見真似で歌いながら身体を動かしはじめます。ところが、はじめての取り組みとあって、最初はなかなかうまく合いません。それでも、二回、三回……と、回を重ねるごとに、子どもたちの目の輝きは増し、取り組みに熱中してきます。先ほどの連続発展の原理が作用しているのです。

「それじゃ、今度は目を閉じてやってみましょう」

私がそう言うと、子どもたちは素直に応じ、ますます集中を高めながら、無心で反応をくり返します。

そのときです。突然、予想もしていなかった異変が起こりました。なんと、何人かの子どもたちの目から涙が溢れ、頰を伝っているのです。

その涙の意味を瞬時に理解した私は、胸に熱いものがこみ上げるのを抑えることができませんでした。それは「ほんとうは、こんなことがやりたかったんだ」という子どもたちの心の声でした。担任が代わって以来、思いっきり何かに熱中する機会に恵まれなかった子どもたちの心は、このとき、ようやく満たされたのです。

そこにはもう、先ほどまで教室を暴れまわっていた、手のつけられない子どもたちの姿はなく、全員がすばらしいフロー状態に突入していました。

このように、一度「できる喜び」を味わった子どもは、幼いながらも、「何かをちゃんとやりたい」「もっとできるようになりたい」という気持ちがかならず芽生えてきます。

だからこそ、大人が無理にやらせるのではなく、子ども自身が自分で「できた！」と感じることができる環境が不可欠なのです。

★MSで全盲のSちゃんがすばらしく成長

これは、沖縄のG保育園でのことです。

「今年は、三歳児クラスに、Sちゃんという、目の不自由な女の子が入園してきました」

園長先生にそう伺って、改めて教室を見まわすと、やさしそうな表情の女の子が、隅のほうにぽつんと座っています。

「どうか、この伝統的なMS実践園の環境の中で、のびのびとたくましく育ってほしい」

私は、祈りにも似た気持ちで、Sちゃんの姿を見守っていました。というのも、以前、同じように全盲の子どもを受け入れた他園で、親御さんの理解が得られず、結局、「感育」が実を結ばなかったケースがあったからです。

その子の抱えている問題は、明らかに過度の甘やかしでした。クラスの子どもたちは、その子のために、たとえば教室内を走るリトミックで、壁にぶつかったりしないよう、そっと肩に触れて曲がるタイミングを知らせてあげるなど、全員でさまざまな工夫をして支えてあげていました。

しかし、「目が不自由だから、何でも周りにやってもらうのが当たり前」という環境で育ってきたこの子は、みんなのやさしい気配りに対しても、かたくなに心を閉ざしたままでした。

そして、親御さんのたっての希望ということで、半年もしないうちに、施設へと移っていってしまったのです。

その後、日に日に成長していく他の園児たちの姿を見るにつけ、「あの子にも、なんとか甘えから立ち直るきっかけを与えてあげられなかったものか……」と、悔やまれてなりませんでした。

ところが、そんな過去の苦い思いや一抹の不安を、Sちゃんは、ものの見事に吹き飛ばしてくれたのです。

目の見えない子どもにとって、最初の難関は整列です。Sちゃんも、はじめのうちは、クラスみんなの協力で、所定の位置に誘導してもらっていました。しかし、この子がすばらしいのは、明るく天真爛漫《てんしんらんまん》な性格で、自分のことを少しも「不自由な子」とは思っていないところです。苦手な場面でも、持ち前の積極性を発揮して、みんなの声や動き、床板の継ぎ目などを手がかりに、あっという間に、自分一人で正しい位置に並ぶ術を身につけてしまったのです。

一方、聴音や聴唱といった、音を感じる取り組みは、Sちゃんがもっとも生きいきと輝く場面です。全盲であるがゆえに人一倍研ぎ澄まされた感覚をもつSちゃんは、聴いた音に誰よりも早く正確に反応します。そして、ピアノのフレーズを瞬時に聴き取り、それを鍵盤ハーモニカで奏でる聴奏でも、先生が課題を弾いている間に、指先で鍵盤の位置を確認しておき、正しい運指で見事に弾いてみせます。

さらに特筆すべきは、その抜群の集中力でしょう。他の子どもたちがまだ「その気」になっていない各取り組みのスタート直後から、Sちゃんは無心で音に聴き入る、いわゆる「フロー状態」に誰よりも早く達しているのです。

卒園を目前に控えた三月に園を訪れると、Sちゃんは恒例の発表会に備え、担当のシンセサイザーの練習に励んでいる最中でした。複雑な楽譜もすっかり頭に入っているらしく、主旋律に合わせてハーモニーを担当する場面も堂々と弾きこなしています。

そして、合奏の練習が終わると、Sちゃんは、私の声を頼りに歩み寄って来て、こう言いました。

「ふくざと先生、長い間、お世話になりました」

私は一瞬、胸が詰まって、言葉が出ませんでした。わずか五歳の幼児が、こんな立派なあいさつができるのです。

Sちゃんの魅力溢れるパーソナリティには、家庭でのしつけが大きく影響していることはいうまでもありませんが、とかく教育の現場では、「幼いから」「障害があるから」という理由で、必要以上に甘やかしたり、あるいは子どもたちの主体性を無視して教え込むことで、大切な「自立心」「生きる力」まで奪ってしまいがちです。

しかし、子どもたちは、ほんとうは誰もが挑戦したがっており、幼児がもっとも得意とする「感じる」領域で、一つ、また一つと「できる体験」を積み重ねていけば、誰もが「できる子」へと成長していきます。それは、たとえ全盲という、われわれ大人から見れば、大きなハンディを背負った子どもでもまったく同じだということを、Sちゃんは身をもって証明してくれたのです。

★「できる」自信で最後までやり抜く

平成十三年の春に、K幼稚園の年長組にNくんが入園してきました。その頃のNくんは、

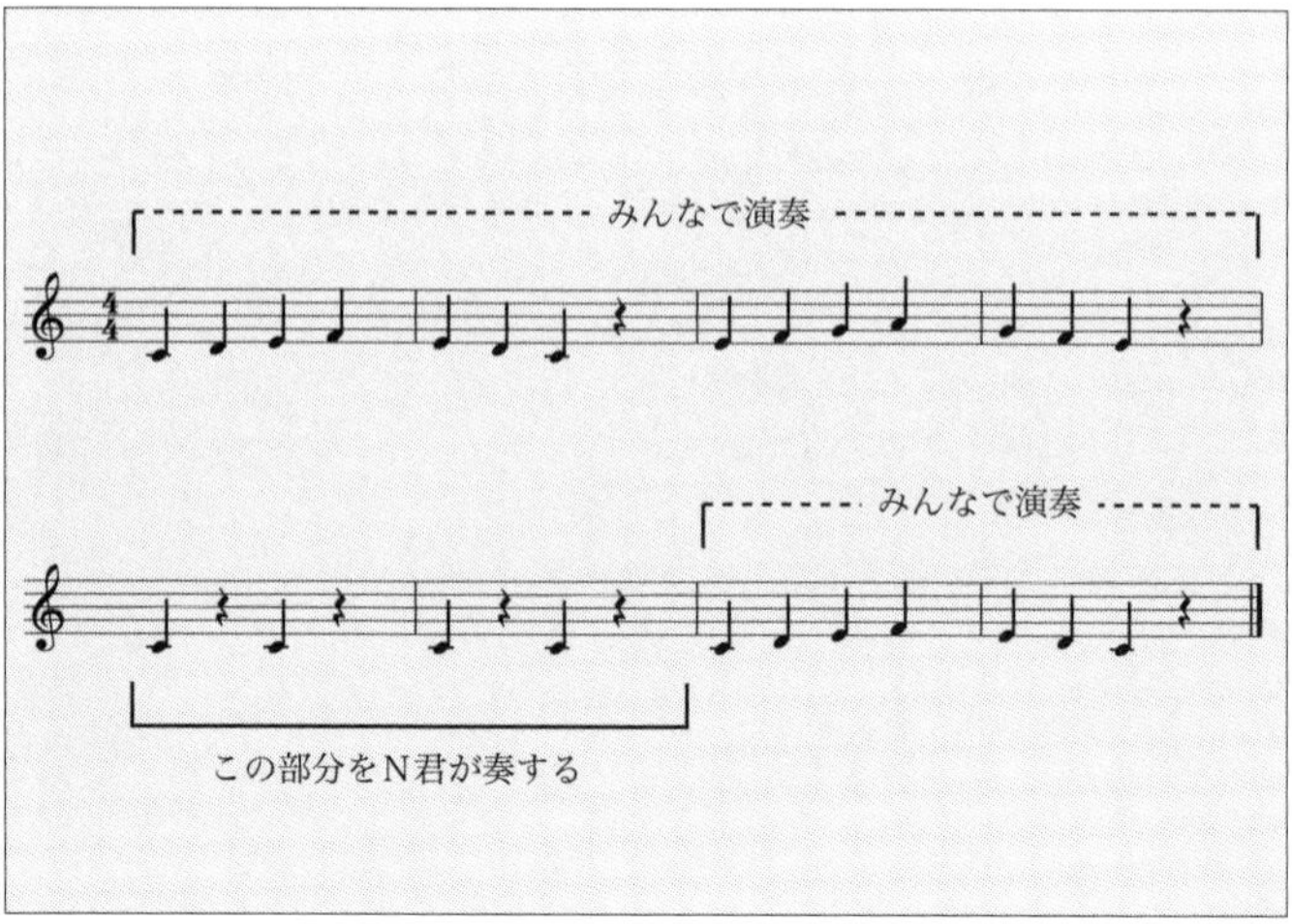

Nくんが吹いた楽譜

部屋の隅で専用の椅子に座り、じっと動かないままでした。名前を聞かれても、まったく反応を示しません。ときどき手足が引きつる症状があり、首を支えるのがきついらしく、すぐにだらけたように椅子にもたれかかります。

そんなNくんの様子をはじめて見たときは、「これはたいへんだ、この子はMSでどこまで育ってくれるだろうか」と心配しました。それでも、六月のはじめにこの幼稚園を訪ねたときには、Nくんに少し変化があらわれていました。

担任の先生のお話では、音楽が好きなようで、鍵盤ハーモニカを預けると一生懸命に吹きます。見ていると、Nくんはつばをいっぱい出しながら吹いています。出している音は外れっぱなしです。それでも、担任の先生は気持ち悪がらず、ふき取り、またNくんに鍵盤を渡していました。

次に八月下旬に訪ねたとき、Nくんは相変わらずつばをいっぱい出しながら頑張っていましたが、音の調子は変わっていました。私の目の前で、ソロで「ド、ド、ドド、ドレミファミレド」と吹いたのです。Nくんは吹き終えてから満足そうに頭をたれました。そんな姿を見ているうちに、私は溢れ出る涙を抑えることができなくなりました。

さらに、十月に出会ったときには、それまでほとんど言葉の出なかったNくんが「ふくざとせんせい」と、はっきりとした言葉で呼んでくれました。

大きくなったら音楽家になりたいというほどMSが大好きで、自分で支えることがむずかしい不自由な身体を操りながらMSの身体反応をくり返していました。

十一月初旬、K園の子どもたちは頭声歌唱に懸命に取り組んでいました。Nくんも専用の椅子に座って声を出していました。にこにこしながら歌っていますが、「あー、うー」という奇声が出るばかりで、うまくいきません。身体をくねらせ何度挑戦しても、いっこうに声の状態は変わりません。

それでも、すでに「感じる」体験を通して自信をもっているNくんはあきらめません。

それから二カ月後の一月中旬にK園を訪ねると、頭声歌唱の練習が続いています。Nくんはどうなっているかなと思い様子を見ると、以前とは違っています。身体が緊張しすぎるために発していた奇声がないのです。

机にもたれてはいますが、力を抜いてみんなの頭声歌唱に自分の声を共鳴させながら、楽しそうに歌っていました。Nくんに明らかに大きな変化が起こっていたのです。

翌月の二月の発表会では、身体の緊張から解放されて、見事な演奏をこなし、頭声歌唱もうまく共鳴して、会場を感動させていました。

★「できる」体験が自閉的なMちゃんの心の扉を開く

沖縄県のK幼稚園から「あるクラスの頭声発声の練習が思うように進んでいない」という相談を受け、早速、園に駆けつけたのは、新年度がはじまってまもない五月半ばのことでした。

実際に様子を見せていただくと、そこには、担任の日々の苦労を思うと同情を禁じえないような状況がありました。

じつは、このクラスには、生まれてまもなく「自閉的」と診断され、以来、しつけらし

いしつけをされることなく育ってきたMちゃんが編入してきたばかりで、美しく響き渡るはずのクラスみんなの頭声の歌声は、Mちゃんが好き勝手に張り上げる叫び声によって、すっかりかき消されてしまっているのです。

それでも、他の子どもたちは、誰一人文句を言うことなく、懸命に練習を続けています。その子どもたちの我慢強さやMちゃんへの思いやりに感心しながら、なおもしばらく状況を見守っていると、やがてそこに、ある劇的な光景が展開されたのです。

ベテランの担任の先生は、この状況をなんとか打開したい一心で、とっさに、これまでとまったく別の曲を伴奏しはじめました。それは、Mちゃんがよく知っている曲です。

Mちゃんは、自分が知っていることには興味を示しますが、それ以外のことには、まったくの無関心です。そのことに気づいた先生は、まずMちゃんのために、知っている曲を思いっきり歌わせてあげようと考えたのです。

そうすれば、Mちゃんも満足し、みんなが頭声で歌っているときには邪魔をしないでいてくれるはず――このとっさの機転は、見事に功を奏しました。

心ゆくまで歌ったあと、みんながふたたび頭声歌唱の課題曲に戻ると、Mちゃんの態度は先ほどまでとは少し異なり、戸惑ったように、独り言をつぶやきながらウロウロしています。

そこで先生は、みんなに歌を続けさせたまま、すかさずMちゃんに近づき、両手を肩に乗せ、しっかりと視線を合わせてから、

「みんなが一生懸命歌っているときは、絶対におしゃべりはしません」

と、きっぱりとした口調で言い聞かせました。

すると、どうでしょう。ほんの短い時間でしたが、Mちゃんは、一言も発することなく、じっとしていることができたのです。それは、Mちゃんが、はじめて先生の呼びかけに素直に応えた瞬間でした。

それまで、家庭でも、前の園でも、ただ赤ん坊のように甘やかされるだけだったMちゃんに、先生はなんとかみんなと一緒に「できる体験」をさせてあげようと、Mちゃんの知っている曲を選びました。クラスのみんなも、そんなMちゃんを仲間の一員として温かく見守りました。

そうした、心の琴線に触れるような本物の体験が、かたくなに閉ざされたMちゃんの心の扉に、風穴を開けたのです。

もし、先生がみんなと同じにするようMちゃんに教え込もうとしていたら、このようにはいかなかったでしょう。

ミュージックステップの基本である「教えずに感じさせる」ことに徹したからこそ、Mちゃんの心に変化があらわれたのだと思います。

3章

「感育」でみんなが「できる子」に

みんなで「できた！」を実感しよう

▲まずは易しいリトミックから

この章では、ミュージックステップ（ＭＳ）のカリキュラムが、実際にどのように進められていくのかをより具体的にくわしくご紹介していくことにしましょう。

まず、入園したての三歳児が、第一日目の初っ端に体験するのが、

・「走る音楽」で走る
・音楽が止まったら座る
・「やさしい音楽」で横になる
・強いアクセントで立つ
・「走る音楽」でふたたび走る

ただこれだけの易しいリトミックです。

「さあ、それじゃあ、ピアノの音が聞こえてきたら走ってみましょう。いいかな？」

先生がピアノで「走る音楽」を弾くと、子どもたちは一斉に走りはじめます。

「みんな、いいお耳です。しっかりピアノを聴いてますね」

　全員が走れたら、このようにきちんとほめてあげてから、次のルールを伝えます。

「今度は、ピアノが止まったらお座りしますよ。できるかな？」

　ここで先生は、わざと子どもたちが気づきにくいように、「走る音楽」の途中で何の前触れもなく、そっとピアノを弾く手を止めます。すると、作戦は見事成功？　子どもたちは、ピアノの音が止んだのに気づかず、まだ走り続けています。

「あれれれれー、どうしたのかな？　ピアノはとっくに止まってますよー」

　先生は笑顔で子どもたちを止め、

「今度は失敗しないように、走りながらしっかりピアノを聴いててね」

と、さりげなく音への意識を促して再挑戦。頃合いをみて、また、そっとピアノを止めます。今度はほとんどの子が座ることができました。それでも、気づかずに走り続けている子もまだ何人か……。そんなときは、ピアノの先生や補佐の先生が、走っている子にタッチしながら、一人ひとり座らせていきます。

「みんなのなかには、とってもいいお耳の人がたくさんいますね。でも、これは鬼ごっこと同じだから、今度はだーれも鬼につかまらないように、しっかりピアノの音を聴いてね。

ピアノが聞こえなくなったら、どうするんだったっけ？」

「座る！」

こんなやり取りを何度かくり返しているうちに、もう先生の鬼につかまる子どもは一人もいなくなります。そこで、さらに、

「みんな、すごーく、いいお耳になりましたね。それじゃ、今度は『やさしい音楽』が聞こえてきたら、横になって目を閉じてみましょう」

という具合に、小さな反応をクリアするたびにしっかりとほめながら、一つまた一つと遊びのルールを膨らませていくのです。すると、子どもたちは「つねにピアノの音を意識する」というこのゲームのコツがだんだんわかってきて、いつの間にかピアノの音だけで、走る、座る、横になる、立つ、といった動作が全部ちゃんとできるようになっているのです。

▲自分で音やルールを感じることがステップの第一歩

こうした初歩のリトミックは、身体を動かすことで子どもたちの緊張を解きほぐし、楽しい雰囲気をつくり出すのに効果的なばかりでなく、「できた！」という実感とともに、

「音」や「ルール」を幼児自身に意識させるためにも欠かせないものです。

音楽に合わせてさまざまな身体的な反応や表現を行なうリトミックは、ミュージックステップに限らず、多くの音楽教室や幼児教育の現場で取り入れられています。ところが、その内容はというと、

「はい、音楽が変わりました。今度は、かわいいリスさんになってみましょう」

というように、先生がつねに先回りして誘導したり、音楽の変わり目にわかりやすい合図を入れたりして子どもたちの反応を促すのがふつうで、そこには、幼児自身が主体的に音を「感じる」という要素は、ほどんどありません。

ところが、ミュージックステップでは、今、ご紹介したように、先生は基本的なルールを伝えるだけです。音楽が止まったり、変わったことを知らせる特別な合図もない。こうした場面でこそ、はじめて子どもたちに自分から音を「感じよう」とする意識が芽生えてくるのです。

また、リトミックというのは、「この音のときにはこうする」という約束事から成り立つ、いうなれば「ルールのかたまり」なわけですが、ここでは、そのルールが「走る」「座る」「横になる」「立つ」といった、三歳児なら誰もが当たり前にできることばかりで

す。そこで、子どもたちは、気後れすることなく取り組みに参加でき、また「易しいからできる」し、「できるから面白い」、「面白いから集中する」「集中しているから、さらに易しく感じる」という、プラスの循環が自然に生まれます。

さらに、そこに「鬼ごっこ」という遊びの要素が加わることで、楽しさもさらに膨らみ、子どもたちは遊びに熱中するなかで、「遊びにはルールがあって、ルールを守るから面白い」ということを理屈抜きで感じ取っていくのです。

こうした音やルールをしっかり意識して「感じる」という体験は、幼児自身が主体的にステップを積み重ねていくためには、欠かせない第一歩となります。もちろん、一回だけの取り組みで、子どもたちの意識や態度がガラリと一変するわけではありませんが、このリトミックの前と後では、すでに子どもたちの目の輝きは確実に違っているのです。

▲えっ、音楽の取り組みにお話!?

さて、易しいリトミックで、ちょっぴりやる気と自信が芽生えはじめた子どもたちの、次なる体験は、お話を聞くことです。「えっ、音楽の取り組みにお話！？」と、びっくりされる方も多いかもしれませんが、じつは、これも「教えず感じさせる」ミュージックス

テップならではの気配りなのです。
というのも、取り組みをスタートしたばかりの頃は、自発的に行動することに慣れていない子どもも少なくありません。そんな子にとっては、冒頭のリトミックもまだ見様見真似の状態です。ところが、先生のお話に聞き入り、物語の世界を感じる、という受動的な取り組みであれば、誰もが抵抗なく参加できますし、そこで「はーい、みんなとっても静かにお行儀よくお話が聞けましたね」とほめてあげることによって、子どもたち全員に「できた!」という体験をさせてあげることができるわけです。
そこで、まずは、幼児たちが出合う最初のお話の後半部分からご紹介しましょう。

それは、いつもコックンとうなずくだけで、「ハイ」と元気よくお返事できない、「こっくん」のお話です。ある日、迷子になったこっくんは、心細くて泣き出してしまいますが……。


「おやおや、どうしたの、迷子になったのかい？」

やっと親切そうなお婆さんが通りかかり、声をかけてくれました。

「………」

こっくんは、いつものようにコックンとうなずきました。

「そうかい、そうかい。そんならお腹空いたのかい？」

「………」

お腹もペコペコのこっくん、同じように、コックン。

「そうかい大丈夫なんだね。そんなら泣かずに早くお帰り」

お婆さんはそう言って、杖をつきながらどこかへ行ってしまいました。

じつは、この親切なお婆さんは、メガネを忘れてあまり見えてなかったのです。

だから、こっくんが、あんなに頭を振ってお返事をしたのに気づかなかったのです。

「ハイ、としっかり声を出して返事をすればよかったのに……」

やっとそのことに気づいたこっくん、悔しくって今まで以上に大きな声で泣いてしまいました。

「こっくーん。こっくーん」

「こういちくーん。こういちくーん」

遠くのほうで、お父さんとお母さんの呼ぶ声が聞こえます。

こっくんはそのとき、はじめて大きな声で「ハーイ」と返事をしました。

そして、その声に向かって走っていきました。

ここで先生は、子どもたちが物語の世界を生きいきと感じ取れるよう、気持ちを込めて語り聞かせながら、お話のなかのポイントとなる言葉が書かれた文字カード（ここでは「お母さん」「野原」など）をさりげなく黒板に貼っていきます。そして、お話が終わると、それらの文字カードを素早くめくって先生に続いて読むフラッシュ・カードや、黒板に貼られたカードのうちから一枚だけカードを隠し、そのカードをみんなで当てるカード取りゲームをほんの短い時間行ないます。

こうしたカード遊びは、右脳的な瞬間記憶能力に優れた幼児にとっては得意中の得意分野です。また、動くものに強い興味を抱く年齢でもありますから、子どもたちの注意は自然と先生の手元や黒板に集中し、お話のイメージをより鮮明に脳裏に焼き付けていきます。

さらに、目と耳の両方からの刺激は、言葉の音節を意識させるのにも効果的で、これが音感を身につけていくうえで欠かせない、音やリズムに合わせて素直にうなずく能力にもつながっていくのです。

▲課題のリズム打ちを楽々クリア

さて、こうした取り組みが終わると、次はいよいよ歌です。

「お返事ハイッ、正しくハイッ」(楽譜)

たったこれだけの短い歌ですが、子どもたちは、それまでのお話と文字カードの取り組みによって、物語のイメージをいっぱいに膨らませ、主人公こっくんを自分自身と重ね合わせていますから、歌詞の内容をより身近なものとして感じることができます。

さらに、易しく覚えやすいメロディーと、みんなで一緒に歌う楽しさがあいまって、子どもたちは、くり返し歌うほど、どんどんこの歌が好きになってきます。

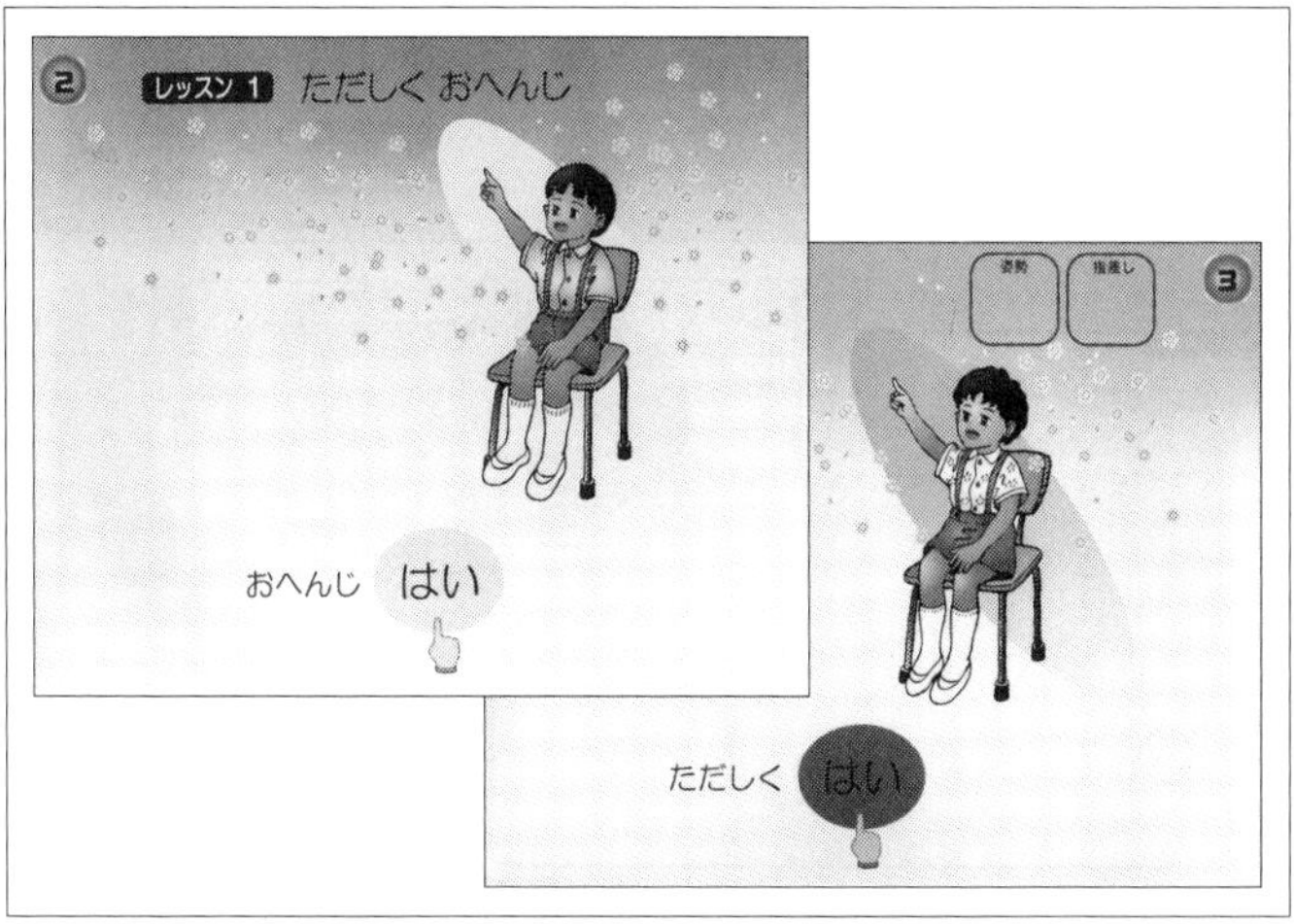

レッスン1（ステップ2から）

そして、全員がすっかり歌を覚えてしまった頃に、

「みんな、とっても上手に歌えるようになりました。それじゃ、今度は、『ハイッ』のところで、先生と一緒に一つ手を叩いてみようか。いいかな？」

こんな風に先生がリードすると、子どもたちはすっかり「その気」になって、課題の「一音節のリズム打ち」を見事にやってのけてしまうのです。

このリズム打ちを体験したら、第一日目のカリキュラムは、そろそろ終了です。

もう、おわかりのことと思いますが、一見、音楽とは関係なさそうに思えるお話や文字カードの取り組みが、単に幼児の興味をひきつけるためだけでなく、お話のイメージが歌の楽しさを何倍にも増し、またポイントとなる文字の記憶が音節感を強める、というように、それぞれが有機的に結びつきながら、子どもたちの「感じる力」をちょっとずつ高めていくように配慮されています。

そのため、はじめて挑戦する「一音節のリズム打ち」も、いきなり「さあ、やってみましょう」と言った場合と比べ、子どもたちにとって、ずっとずっと易しく感じられるようになっているのです。

着実にステップを積み重ねるために

▲みんなと一緒にできない子をどうするか？

これまでお話ししてきたように、ミュージックステップは、つねに子どもたち自身が「できた！」という喜びを体験しながら、一段また一段とステップを着実に昇りつめていくシステムです。とくに最初の導入部は、どんな子どもでも無理なくできる簡単な取り組みばかりが用意されていますから、三歳児であれば、ほとんどの子は問題なく参加することができます。

ところが、なかには、先生の言葉にまったく耳を貸さず、一人で好き勝手な行動ばかりする子もいます。こうした子どもの多くは、家庭環境が極端な過保護か放任のようで、まだ自分一人で行動を起こしたり、みんなと一緒に行動する楽しさを知らないのです。

では、こんな場合、ミュージックステップでは、どんな風に解決しているのか？　教室の隅っこに寝転んだまま、いくら呼びかけても、リトミックに参加しようとしないAちゃんの例でお話ししてみましょう。

もちろん、ここで先生が、文字どおり力ずくでAちゃんを立たせ、

「ほら、今は走る音楽でしょ。ちゃんとみんなと一緒に走って！」

と無理やり参加させることだってできるわけですが、そんなことをすれば、Aちゃんは、ますます心をかたくなに閉ざしてしまうでしょう。

では、どうするかというと、先生は機転をきかせて、わざと床に横になるときの「やさしい音楽」を鳴らしてあげるのです。すると――、他の子どもたちは、横になる音楽に変わったので、みな一斉に床に寝そべります。一方のAちゃんも当然、寝そべったまま。そこで、本人にまったくその気がなくても、知らないうちに「やさしい音楽」でみんなと一緒に横になる動作が「できてしまっている」ことになるわけです。

そして、ここで先生が、

「わぁー、Aちゃん、みんなと一緒にできた！　すごいねー」

と、めいっぱいほめてあげる。そうすると、Aちゃんも何だかいい気分になって、

「じゃ、今度、先生がボンってピアノを弾いたら立てるかな？　Aちゃんもやってみよう」

と声をかけて、ボン、とやると、みんなと一緒にちゃんと立つのです。

しかも、一つ「できた！」という体験をすると、その自信はリトミックだけにとどまらず、お話や文字カード、歌、リズム打ち……と、すべての取り組みへの興味につながっていきます。寝そべり専門だったAちゃんが、みんなと一緒に座って先生の話を聞けるようになり、そのうち見様見真似で口や身体を動かしはじめ、これをまた先生にほめられることで、どんどん積極的、能動的になっていく……、そして、いつの間にか、みんなの輪の中にすっかり溶け込んでしまうのです。

こんな例からもわかるように、子ども、とくに幼児が「できる子」になるかどうかは、ほんのちょっとしたきっかけしだいです。何かを無理やりやらせようとするのではなく、無理なくできることを何かしら見つけてあげる。そして、それを心から評価してあげることによって、子どもたちは、「あ、これをやるとほめてもらえるんだ」という自分なりの基準を感じ取って、自力でステップを踏み出しはじめるのです。

▲ミュージックステップが「基本姿勢」にこだわる理由

もう一つ、ミュージックステップの初期の段階からこだわっているのが、1章でも少しふれた「基本姿勢」の徹底です。

「じゅんび！」

先生の呼びかけに対して、子どもたちは、

「ハイッ」

と応えて、膝をポンと両手で叩き、しっかりと先生に注目します。このとき、もし十分に集中できていない子がいるようなら、先生は何度か「じゅんび！」をくり返します。そして、子どもたちの意識が十分に高まるのを待ってから、そこではじめて、

「ようい！」

の掛け声。子どもたちは、

「ハイッ」と応えて、各取り組みごとに決められた構えの姿勢を取り、次の「さん、はいっ」の合図で歌やリズム打ち、合奏などの動作を起こします。

こうした基本姿勢の徹底は、一見、「幼児の主体性を最大限に尊重する」というミュージックステップの主張と矛盾するように映るかもしれません。

でも、ちょっと想像してみてください。単純なジャンケンにしても、「ジャン・ケン・ポン」という掛け声があるからこそ、みんなのグー、チョキ、パーを出すタイミングがぴったり揃うのであって、これをいきなり「ポン」の掛け声だけでやろうとしたら、お互いの気持ちも動作も揃わず、遊びそのものもダラダラとした緊張感に欠けるものになってしまいます。

同じように、「じゅんび」「ようい」の基本姿勢を徹底しないまま、取り組みをはじめてしまうと、子どもたちの気持ちはバラバラのままです。そうした散漫な意識の状態で取り組みをくり返しても、そこには、本来得られるはずの「できた！」という達成感や充実感は生まれません。

そのため、つねに「できる」体験を積み重ねながら、段階を追って徐々に昇りつめていく、というステップの原理自体が崩れ去ってしまうのです。

さらに問題なのは、「できた！」という実感を伴わない、いうなれば「上滑り」の体験が日常的にくり返されることです。「上滑り」の体験は、幼児にとって、きわめて無意識に近い状態であり、それが習慣化されると、「できない」ことが平気な、無気力、無関心な子どもになってしまう恐れさえあります。

ミュージックステップが、基本姿勢という〝けじめ〟にこだわるのは、まさにこのためなのです。

COLUMN

「できる体験」がとても大切

言語が未発達な幼い子どもほど感覚的であり、規律に対する好奇心が強くはたらきます。そんな子どもたちが園で先生のお話を聴く場面を考えてみましょう。ある子は、じっとしていられずに走り回るかもしれません。こんなとき、感育について知らない先生は、カリキュラムの消化を考えて、そのまま話を続けてしまうでしょう。

こんな状態を避けるには、まずお話を止め、リトミックに切り替えます。なぜなら、「できる子」になるには「できる喜び」を知らせる必要があるからで、走り回っているような子は、今までに「できること」をしてほめられていないからです。

「ピアノが聞こえたら走りましょう」。先生はこう言ってピアノを弾きはじめます。そして、はじめから走っている子には「すごい、みんなより早くできましたね」と何気なくほめてあげます。本当は「しっかりやりたい」という気持ちをもちながら、その気になれなかったのが、こんなふうにほめられると、もううれしくてたまりません。素直に「みんなと一緒に走れば、ほめられて楽しい」と思うようになり、これだけのきっかけでも「できる子」の仲間入りをする子が多くいます。

このように、「できる体験」に対するちょっとした先生の気配りで、子どもは「できる子」に変わっていきます。

ただ「できる」だけでなく、「できること」が楽しいと右脳で感じるようになると、その刺激は脳の前頭連合野に伝わり、それが意志（やる気）を呼び起こします。こうなれば、子どもは自らの意志で活動に参加していきます。これが「脳機能の連鎖」と呼ばれる状態です。

コーデル奏で、はじめての和音体験

▲三歳児にも無理なく楽しめるコーデル奏

子どもたちが最初に体験したリズム打ちの取り組みは、このあとしばらく一音節での練習を積み重ねてから、やがてタンタンと二つ続けて手を叩く二音節、タンタンタンと三つ続ける三音節……と、ちょっとずつ地道にステップアップしていきますが、それと並行して、早くも登場するのが〝コーデル〟と呼ばれる和音笛を使った合奏です。

ご存知ない方も多いと思うので、まずコーデルという楽器について簡単にご説明しておきましょう。

コーデルとは、次頁の写真のように、三つの吹き口が並んだ笛で、吹くとそれぞれドミソ、ドファラ、シレソという基本の三和音が鳴る仕組みになっています。

そして、このコーデルは、三つの吹き口が、赤、青、黄色の三色に色分けされているというのが一つのポイントで、まだ和音どころか、ドレミファソラシドという音階名にすら出合っていない子どもたちが、その色を手がかりにして合奏を楽しむことができるのです。

たとえば、先ほどの「お返事ハイッ、正しくハイッ」の歌の場合、子どもたちは、すで

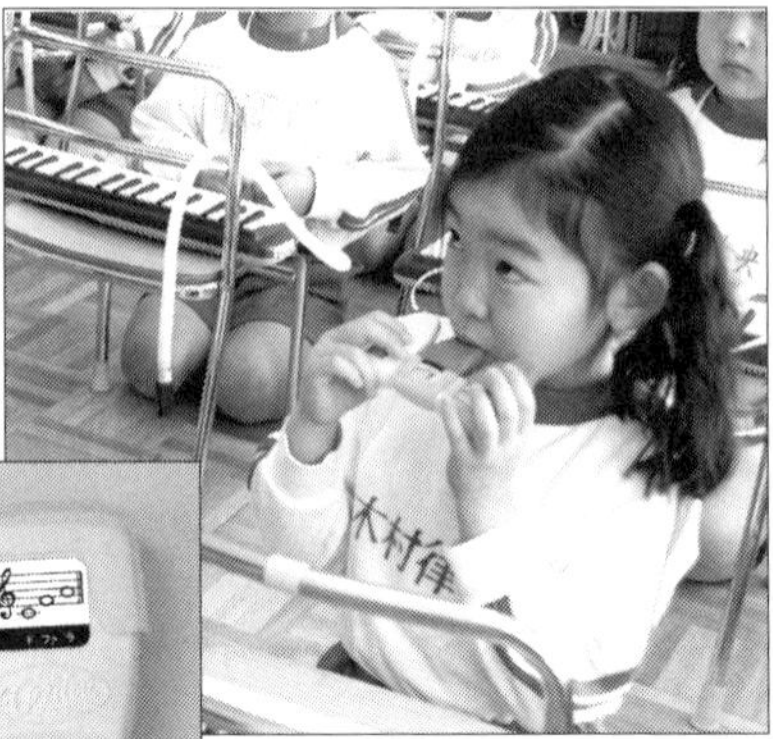

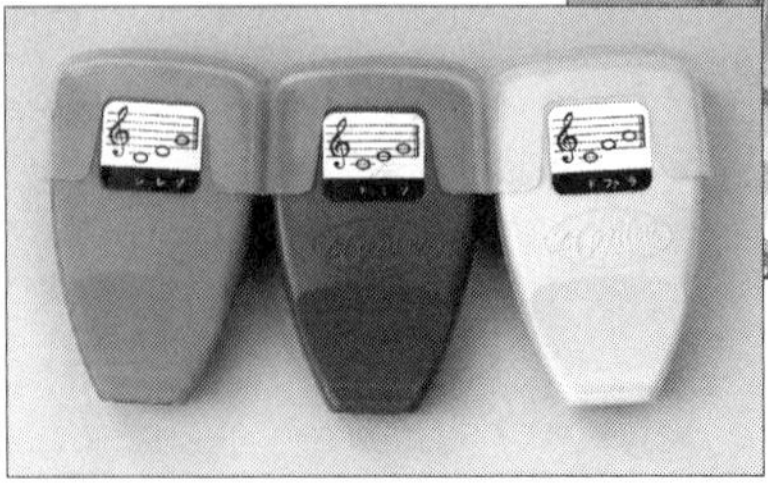

コーデル

に「ハイッ」の歌詞のところで一つ手を叩くことができるようになっています。そこで、今度は手を叩く代わりに、最初の「ハイッ」の箇所で黄色（ドファラ）、次の「ハイッ」の箇所で青（ドミソ）を吹くと、それだけでメロディーに調和した和音の伴奏になってしまうのです。

わずか四小節のほんとうに短い曲ではありますが、まだ音楽の取り組みをはじめて間もない幼児たちが合奏までやってのけてしまう――これは、ちょっと素敵な光景ではないでしょうか？

▲モーツァルトのような和音との出合いを

ところで、幼児のはじめての合奏というと、タンバリンやカスタネット、トライアングルといったリズム担当の打楽器が定番で、それ以外では、鍵盤楽器などを使って、ごく簡単な単音の旋律から入るのが一般的です。それをミュージックステップでは、なぜ、あえていちばん最初に、コーデルを使った和音の合奏を体験させるのでしょう？

ひとことでいうなら、それは、和音と出合うことによって、子どもたちの音への興味が何倍にも膨らむからです。

たとえば、天才作曲家モーツァルトにも、和音にまつわる幼少時代のこんなエピソードが残されています。

それは、まだモーツァルトが父親からピアノの手ほどきを受けていない三歳の頃のこと。好奇心旺盛な彼は、姉の弾くピアノの音に、強い興味を示すようになっていました。なかでもお気に入りだったのは、メロディーに伴奏の和音が交差して響き合う瞬間です。

「いったいどうすれば、あんな音が出るんだろう？」

お姉さんのレッスンが終わると、次は自分の番とばかりに、モーツァルトはピアノに向かいます。そして、この神童は、

「えっと……、これとこれとこれだったかな？」

と、まるで積み木で遊ぶかのように鍵盤をまさぐり、音の響き合う様子を確かめながら、和音を組み立てていったのです。

さらに、お目当ての和音が見つかると、今度はその和音に調和するメロディーを探り弾きし、納得のいくハーモニーが出来上がると、飽きることなく何度も何度もくり返し弾いたといいます。そして、こんな遊びに没頭しているうちに、ふつうなら大人の手を借りないとまず身につかない絶対音感を、自然に自分のものにしてしまったのです。

その後、四歳から本格的にピアノを習い始めたモーツァルトは、与えられた曲をたちまち覚えては父を驚かせ、五歳ですでにメヌエットを作曲。六歳の頃には、ピアノ協奏曲を初見で弾き、また即興であらゆる曲を自在に移調したり変奏することができた……などなど、その早熟ぶりをうかがわせるエピソードは枚挙にいとまがありませんが、そんな彼の、いわば〝音楽の原点〟ともいえるのが、和音との感動的な出会いだったというわけです。

もちろん、幼いうちに和音と出会えば、誰でもモーツァルトのような大天才に育つ、というわけではありませんが、もともと、和音とは私たち人間が誰でも無条件に心地よく感じる音の組み合わせです。最近、ゴスペルやアカペラ（無伴奏）などの合唱が静かなブームだそうですが、若者から中高年まで、一度合唱の魅力にとりつかれると、すっかりハマってしまう人が多い理由の一つは、みんなで作り出す和音のハーモニーの心地よさにあります。まして「感じる」能力にかけては私たち大人をはるかにしのぐ幼児たちにとって、和音とのはじめての出合いは、感性のいちばん深い部分まで揺さぶられるような、かけがえのない一瞬でもあるのです。

そこで、少しでも早い時期に、かつてモーツァルトが体験したように、メロディーと調和して響き合う和音の妙味を心ゆくまで感じさせてあげたい——そんなこだわりを、ミュージックステップならではの無理のない方法で実現したのが、このコーデル奏なのです。

▲MSっ子は和音大好き!

もっとも、このコーデル奏、三歳児にとっては、大人が思うほどには簡単ではありません。なぜかというと、まだこの年頃の幼児には、色の名前をはっきりと意識する、ということができていないからです。そこで、実際にコーデル奏をはじめる前に、まず子どもたちが取り組むのが、「色取り遊び」と呼んでいるゲームです。

これは、床にまかれた赤、青、黄のカード（枚数は十分みんなに行き渡るだけ用意されている）の周りを子どもたちがピアノに合わせて走り、ピアノが止まったとき、「赤!」

なら赤、と先生が言った色のカードを取るものです。そして「いち、にっ、さん、パッ」のかけ声で、みんなが一斉に自分の取ったカードを見せると、先生は正解のカードを持って輪の中に入り、「ピッタンコ」「ピッタンコ」と言いながら、子どもたち一人ひとりとカードの色を確認し合います。

子どもたちは、こうした遊びが大好きで、夢中になってくり返しているうちに、すぐに色の名前も覚えてしまいます。そうしたら次は、教本を指差しながら、歌に合わせて手を叩く代わりに「黄色！」「青！」と、色の名前を言う練習をします。

そこまで小さなステップを積み重ねてから、はじめてコーデル奏に取り組むため、コーデルを手にしたときには、すでに「あ、ボク、できるよ」「ワタシ、わかる」と、子どもたちは、ここでも自信をもって合奏に挑戦することができるのです。

そして実際、ミュージックステップで育った子どもたちは、みな和音が大好きです。二音節での合奏に取り組む頃になると、不思議と間違った和音を出す子は、ほとんどいなくなります。また、このあと取り組みはじめる鍵盤ハーモニカがちょっと苦手という子どもも、コーデルを使っての合奏になると、が然目を輝かせて取り組みます。

これは、単にコーデルによる伴奏が易しいからというだけではなく、そのハーモニーの心地よさを心から楽しんでいるからだということが、子どもたちの表情を見ているとよくわかります。

いよいよ「聴音」そして「聴唱」「聴奏」に挑戦！

▲はじめての音階、ドとソとの出合い

リトミックやリズム打ち、コーデル奏といった取り組みのなかで、少しずつむずかしい課題に挑戦しながら、着実に「できた！」という体験を積み重ねてきた三歳児たちは、入園して三カ月目頃には、すでに入園当初とは見違えるほどの意欲と集中力を見せるようになっています。

「聴音」の取り組みを通じて、子どもたちが音階名、つまりドレミファソラシドという音の名前にはじめて出合うのも、ちょうどこの頃です。

すでにお話ししたように、音感の定着にもっとも大切なのは、自分から音を「感じよう」とする意識です。

音楽的取り組みには不可欠ともいえる音階の概念について、この段階まで一切ふれないのも、まず易しい取り組みのなかで、子どもたちの音を「感じよう」とする意識が十分高

まるのを待っているからです。

これも、幼児にけっして無理をさせないミュージックステップならではの配慮なのです。「聴音」の導入部分の、高い音と低い音を子どもたち自身に感じさせるプロセスについては、1章ですでにご紹介したので、ここでは、その続きからお話ししましょう――。


「みんな、高い音と低い音がよくわかるようになったね。それじゃ、今度は、音比べっていう遊びをやってみようか？」


こう言って先生は、ピアノの両極端の高い音、低い音から、中央のドとソに至るまで、交互に弾き比べて、高いと思ったら立って両手を上げ、低いと思ったら座って手を膝の上に置くという取り組みを通して、音の高低を子どもたちに存分に感じさせます。この頃には、もう前のように逆の反応をする子はいません。

「すごい、みんないいお耳になったねー。それじゃ、もっと楽しいことをやりましょう。今から先生が低いほうの音を弾くので、みんなはそれに合わせて、お膝を叩いてみます」

子どもたちは、中央のドのポンポンポンポン……という連続音に合わせ、軽く膝を叩いて反応します。

「次は、高い音に変わったら肩を叩いてみるよ。できるかな？」

ソの連続音に変わると、子どもたちは迷わず肩を叩きます。これまでの感覚的な体験で、音の高低とはどういうことなのかがしっかりとイメージできるようになっているのです。

ここまでくれば、もう大丈夫です。先生がドからソへ、ソからドへと、次々にピアノの連続音を変化させていっても、もう反応を間違えることはありません。

「そう、高い音と低い音、みんな、よくわかるようになったねー。今、みんなは低いほうのお膝の音に反応しています。これが『ド』の音です」

「はい、また音が変わりました。そう、今度は高い音。みんなは肩を叩いています。これが『ソ』の音。覚えてね」

ここでようやく先生は、ドとソという音階名を口にするのです。

さらにこのあと、子どもたちは、黒板で五線譜に書かれたドとソにはじめて出合います。

「ここに高い音と低い音が書いてあります。もう、みんなには、どっちが高い音で、どっちが低い音か、すぐにわかるよね」

先生が、こんなふうにさりげなく音符の視覚的な高低を意識させてから、

「それじゃ、こっちの低いほうの音は、何の音かな？」「高いほうの音は？」

と尋ねると、子どもたちは、その視覚的イメージから、誰かに教わらなくても、ちゃんと低いほうを「ド」、高いほうを「ソ」と答えられるのです。

▲「聴音」から「聴唱」へ

こうしてドとソの「聴音」ができるようになると、子どもたちはこれと並行して「聴唱」「聴奏」というミュージックステップ独特の取り組みにも挑戦しはじめます。

まずは「聴唱」の取り組みから、ご説明していきましょう。

「ドドドドド……」「ソソソソソ……」というピアノの連続音に合わせて身体の一部を叩いて反応する「聴音」に対し、先生が弾くピアノのフレーズを聴き取って、階名で歌いながら「聴音」と同じように身体反応を行なうのが「聴唱」です。

ピアノのフレーズを聴き取る、なんていうと、とてもむずかしそうに聞こえますが、ここでも、はじめに出てくる音は、ドとソだけです。しかも、最初は「ドドド」「ソソソ」といった三音節のもっとも易しいフレーズからはじまりますから、すでに「聴音」でドとソを聴き分ける体験をしている子どもたちは、即座に「あ、これ、知ってる」と感じて、ひざを叩きながら「ドドド」、肩を叩きながら「ソソソ」と反応することができるのです。

そこで、今度は「ドドソ」「ソソド」といったほんの少しむずかしいフレーズを弾いてみます。「ん？　さっきのと違う」と、一瞬戸惑う子もいるものの、何度かくり返しているうちに、全員が正しく反応できるようになってきます。

さらに「ドソソ」「ソドソ」に挑戦……というように、毎日、少しずつ難度を加えながら、数パターンのフレーズをくり返していくと、やがて子どもたちはフレーズそのものをすっかり覚えてしまい、音に身体が自然に反応することができるようになるのです。

▲「頭振り」は鍵盤奏のイメージトレーニング

さらに、この「聴唱」と同じフレーズを用いて、階名唱する代わりに、鍵盤ハーモニカで弾くのが「聴奏」です。

ただ、鍵盤奏は三歳児にとってかなり高度な取り組みとなりますから、実際に鍵盤に触れる前にそれなりの準備が必要です。そのために考えられたのが、ミュージックステップ独特の「頭振り」と呼ばれる取り組みです。ドとソのフレーズに合わせて頭を左右に振って反応します。高い音であるソは右に、低い音であるドは左に頭を振ります。そのようにして遊び感覚で鍵盤上の高い音と低い音を感覚的に身につけていきます。つまり、「頭振

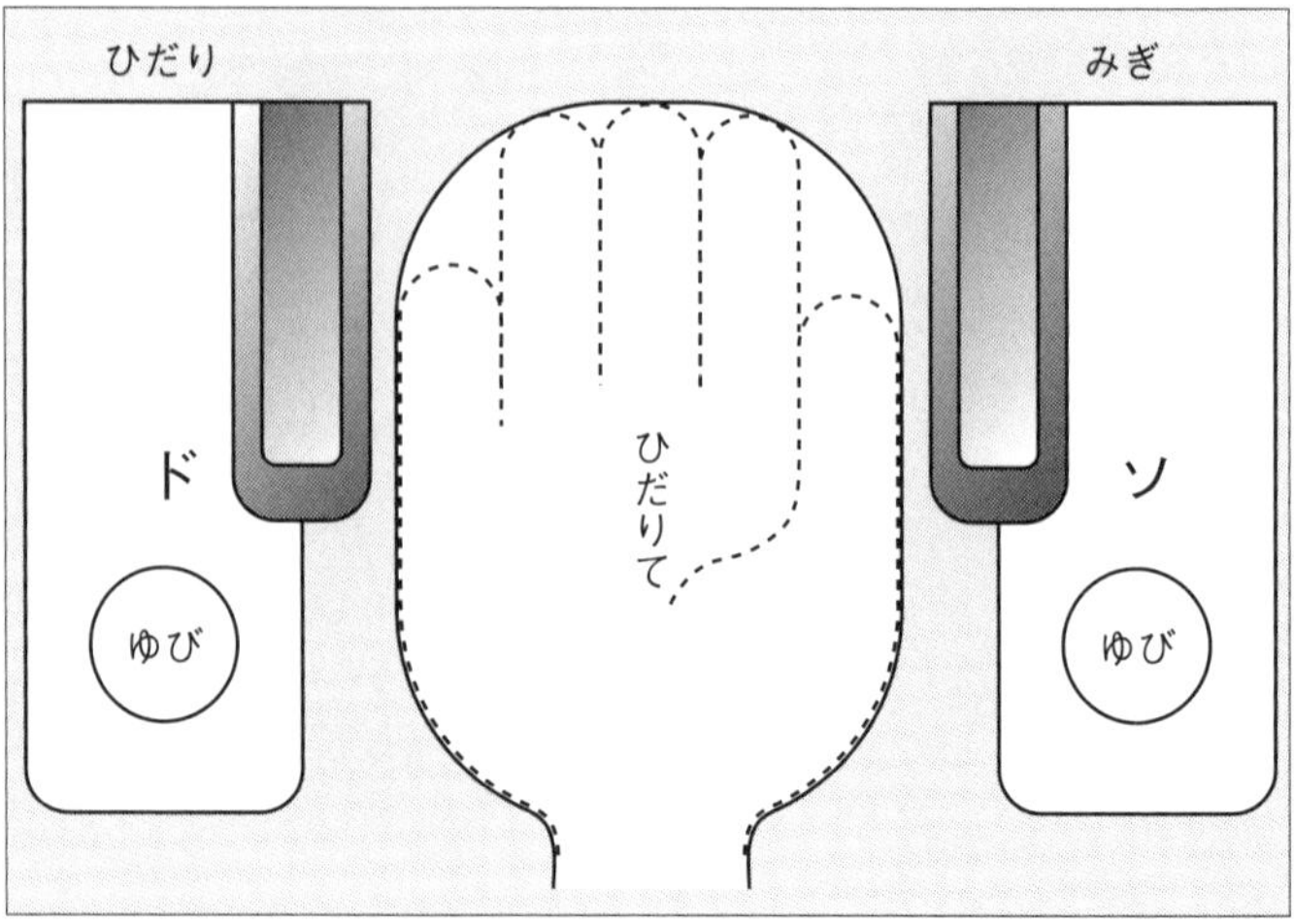

図5　鍵盤ボード

り」は聴奏のイメージトレーニングなのです。

こうして「頭振り」でドとソの感覚を身につけたら、次は、図5のような鍵盤ボードを使って、「頭振り」と一緒にボード上で指も動かします。まず左手をボード上の“ひだりて”に置き、その上に右手を重ねます。そして、頭を右に振りながら右手の小指でソを押し、次に頭を左に振りながら親指でボード上のドを押します。頭がしっかり振れるようになった子どもたちにとっては、「頭振り」に合わせて自然に指が動くので、こうした活動は、とても楽しいものとなります。

さらに本物の鍵盤でしっかり指の練習をしたところで、はじめてマウスピースをくわえて、みんなで実際に音を出してみます。

ずいぶんと遠回りなようですが、先生が子どもの手を取って教えたり鍵盤に目印のシールを貼ったりすることなく、幼児が自分で「できた！」と実感しながら鍵盤奏を身につけていくためには、このくらい細かいステップを一つひとつ積み重ねていく必要があるのです。

また、十分に指の練習を積むまで楽器の音を出さないのは、はじめて音を出したときにはもう全員の音がきれいに揃っている、という状態を体験させてあげたいからです。幼児は楽器を与えれば、すぐに興味を示しますが、ここで「それじゃ、好きなように音を出してごらん」とやってしまうと、子どもたちの耳は、たちまち無秩序な雑音に慣らされて、その状態を平気に感じるようになってしまいます。逆に、最初に雑音の混じらない、きれいに音の揃った状態を体験した子どもたちは、本能的にその響きを心地よいものと感じ、以後の取り組みのなかでも、無意識に「みんなときれいに音を合わせよう」という気持ちがはたらくようになるのです。

▲ドとソからはじめる理由

もうお気づきのように、従来、幼児に対しては、一方的に教え込む以外、方法がないと考えられていた「聴音」「聴唱」「聴奏」といった高度な取り組みを、すべて楽しい遊びと

「頭振り」の取り組み

して、子どもたちに与えることができるのも、ドとソという、たった二つの音からスタートさせているためです。

このあと三歳児は、まずドとソで、じっくりと「できる体験」を積み重ねてから、ドとレ、ドとレとソ、ソとファ、ソとファとド、ドとレとファとソという組み合わせで同じように「聴音」「聴唱」「聴奏」に取り組んでいきます。そして、一オクターブの音が出揃うのは、四歳児になってから、という、ゆったりとしたペースで着実に音を「感じる」能力を高めていくのです。

「でも、いったいどうして、こんなバラバラな音の組み合わせになっているんだろう。どうせなら、ドレミファソ……と順番にやっていけばいいのに」と、不思議に思う方もいらっしゃるでしょう。

じつは、このバラバラな音の組み合わせというのが、絶対音感を確実に身につけるための大切な条件なのです。というのも、絶対音感とは、たとえば「ドがこの高さだから、ドレミファソのソだな」というように、一つの音を他の音との相対的な関係から判断するのではなく、ドならド、ソならソと、まったく独立した音として記憶する能力だからです。

ですから、音感を身につけていくプロセスにおいては、一つひとつの音の印象をより強くするために、ドレミファソという音階の順番どおりの配列ではなく、バラバラに音を与えたほうがずっと効果的なのです。

なかでも、子どもたちが最初に出合うドとソは、専門的にいうと「主音」と「属音」と呼ばれる、耳にとても心地よく響く音の組み合わせです。そしてまた、鍵盤奏も、親指（ド）と小指（ソ）という、いちばん易しい運指からはじめることができますし、すでに述べたように「ドが低い音で、ソが高い音」というヒントだけで、視覚的イメージから簡単に読譜ができるなど、「教えずに感じさせる」ための多くのメリットがあるのです。

一方、三歳児の取り組みのなかでは、ドレミファソのうちのミだけが、最後まで登場しませんが、これにもれっきとした理由があります。ミは、ハ長調の主和音ドミソを構成する重要な音ですが、ともすると自然に聞き流してしまう刺激の弱い音です。いい替えれば、幼児が聴き分けるのがむずかしい音でもあるのです。

そこで、まず刺激の強いドレファソから取り組んで、十分に音を感じる意識が高まったところで、四歳児になってから、ドレミ、ミファソという、ミをいちばん上と下に使って、できるだけ印象を強めるように配慮された音の組み合わせに、はじめて挑戦するのです。

このような細部にまでわたる気配りによって、幼児たちはけっして「むずかしい」と感じることなく、毎日の「聴音」「聴唱」「聴奏」の積み重ねのなかで、自然に音感を身につけていくことができるようになっているのです。

自ら挑戦し伸びていく子どもたち

▲「テーマ課題」は楽しく音感の定着を助ける

さて、この「聴音」「聴唱」「聴奏」というミュージックステップ独特の毎日の取り組みを、より楽しく無理のないものにしているのが「テーマ課題」の存在です。

このテーマ課題に使われるのは、子どもたちがそのときどきに取り組んでいる音の組み合わせ、たとえば、ドとソなら、ドとソの音だけで、ドとレとミならば、ドとレとミの音

お そ ら の　し ろ い　く も を み　て
ひ つ じ の　あ かちゃん　な き だ し　たー
かー　さ ん　だー　おっ　ぱ い　だー
い そ い で　か け て　か え っ て　くー

ドとレとミだけでできた「羊の赤ちゃん」

だけでできた歌です。この歌に合わせて、歌詞を歌いながら、ドはひざ、レは腰、ミはお腹……というように、決められた身体の部分を軽く叩いて反応する取り組みで、たとえば「羊の赤ちゃん」という歌ですと、お腹、お腹、腰、腰、ひざ、ひざ、腰、お腹、お腹、ひざ、腰……、とやるわけです。

この取り組みは「ドだからひざ」というふうに頭で考えて反応しては意味がないので、大切なポイントは、最初から絶対に音階名（ドレミ）で歌わないことです。新しいテーマ課題に入るとき、先生はいきなり「じゃ、みんなで一緒にやってみよう」と呼びかけて、子どもたちの前で歌詞で歌いながら身体反応をして見せるのです。

すると、子どもたちは、先生につられて真似しはじめる。一、二回やっているうちに、だいたい要領がわかって、面白くなってくる。さらに、これを一〇回、二〇回とくり返していると、やがて子どもたちは、もう夢中になって反応し、歌いながら自然に身体が動いている状態になってきます。

これは、いい換えれば、音が身体を通して感覚化されるということで、こうした取り組みを十分にやったあとで、そのまま同じ音の組み合わせを使った「聴音」に移ると、子どもたちの耳の状態は、ほんとうにすばらしくなっています。

「聴音」をいかに幼児に易しく、「あ、この音、わかる!」「できるよ!」という状態で与えられるか、というのは、長年、ミュージックステップの大きな課題でもあったのですが、その究極の方法がテーマ課題ではないかと思っています。実際、数年前から、このテーマ課題を取り入れるようになって、子どもたちの絶対音感の定着率もグンと高まっています。

▲聴力アップのアイマスクは「できる子の勲章」

私たちは、ふだん、周囲から聞こえてくる音を何気なく聞いています。ところが、目を閉じて、じっと耳を澄ましていますと、遠くでサイレンが鳴る音や、人の話し声、小鳥の鳴き声や風が吹く音、木の葉が揺れる音など、実にさまざまな音が聞こえてきます。それは、目を閉じることで音に対する集中力が高まるからです。

ミュージックステップでは、音への集中を強めるために、アイマスクを使っています。それによって、子どもたちの聴くことへの意欲を高め、聴音や聴唱に取り組みやすくするからです。

それでも、公開保育などで、いきなりその光景を目にすると、思わずギョッとされる方もおられるようですが、じつは、このアイマスク、子どもたちにとっては、誇らしい一種の「勲章」のようなものになっています。

先ほどのお話でもおわかりいただけると思いますが、音を感じる取り組みは、目を開けたままやるか、閉じてやるかで、意識がまったく違ってきます。目を開けていれば、周りを見て、真似したり、自分が間違っていないことを確かめながら反応できますが、いったん目を閉じると、頼れるのは自分の感覚だけです。そのため、子どもたちは、ほんとうに一生懸命耳を澄まし、自分から音を感じようとするのです。

それならば、目をつぶるだけでもいいかもしれませんが、これだと、途中で音を見失いそうになったら、すぐに目を開けて、他の子の反応を確かめることができます。ところが、

アイマスクは「できる子の勲章」

アイマスクになると、それすらもできませんから、さらに音への集中力が高まります。つまり、アイマスクは、幼児にとっては最大級の挑戦なのです。

テーマ課題や聴音、聴唱といった取り組みで、課題に対して子どもたちが十分、自信をもってできるようになった頃、先生は、

「今度は目をつぶってやってみようか?」

と、まず目を閉じたまま音を感じる状態に慣れさせてから、

「じゃ、自信のある人は、アイマスクをしてやってみましょう」

と段階を追って呼びかけますが、けっして子どもたちに強制することはありません。

それでも、一つのことに自信をもてば、も

っとむずかしいことにも挑戦をしてみたくなるのは、幼い子どもの本能のようなもので、「ボクやる！」「ワタシも！」と、次々にアイマスクをつけはじめます。

そして、すごい子になると、なんと「聴奏」でも、アイマスクをつけたまま鍵盤を見ずに弾いてのけてしまうのです。

また、先生が無理強いしないために、まだアイマスクをする自信のない子が「できない」体験をして落ち込んだり、劣等感を感じることもありません。その子なりのペースで「もう大丈夫」と自信がついたときにアイマスクをつければいいわけですし、また、どんな子も、十分に取り組みをくり返しているうちに、かならず自分からアイマスクに挑戦するようになっていくのです。

▲五歳児の音感は音大生レベル!?

こうしたのびのびとした楽しい雰囲気のなかで、着実に「音を感じる」力を高めていった幼児たちは、四歳児の九月頃からは、同時に鳴った二つ以上の音を聴き取る和音や重音の聴音などにも取り組みはじめます。さらに五歳児になると、先生の繰り出す旋律やリズムを聴きながら、何小節か遅れて、歌ったり手を叩いて追いかける〝音の追いかけっこ〟平行カノン唱やリズムカノンといった、ひじょうに高度な取り組みにまで挑戦できるようになります。

音楽を専門に勉強された方ならおわかりになると思いますが、これはすでに（むずかしい専門用語こそ使わないものの）、「音を感じる」能力としては、音大受験生や現役音大生とほとんど変わらないレベルです。

たった一つ手を叩くことから取り組みはじめた子どもたちが、わずか三年の間に、これほどすばらしい成長を遂げるのです。

もっとも、1章でも述べたように、幼児期こそが、生涯でいちばん感覚的な吸収に適した時期（臨界期）であることを考えれば、これは、けっして驚くべきことではありません。「感じる時期だからこそ、心ゆくまで感じさせる」

この当然のことが、従来の教育のなかでは見過ごされてきただけで、どんな幼児も、「教え込まずに感じさせる」、すなわち「感育」の環境さえあれば、すばらしい才能を発揮するだけの潜在能力を生まれながらにしてもっているのです。

また、五歳前後になると、左脳的な「考える」力も自然に育ってきますから、感覚的にわかるだけでなく、理屈でも理解できるようになってきます。音楽的にも、感じ取ったりズムやメロディーを実際に五線紙に表現してみたい、という気持ちが自然に湧いてきます。その時期まで待って、ようやく、たとえば四分音符とか二分音符なんていう音符の名称を教えてあげると、「へぇー、そうなんだ」「面白い」と、また新しい興味が加わって、右脳的な「感じてわかる」能力だけでなく、左脳的な論理的思考力も増し、すくすくと育っていくのです。

幼児の感性を研《と》ぎ澄ます頭声発声

▲「大きな声で元気よく」という歌唱法の間違い

聴音や聴唱、聴奏といった一連の取り組みとともに、ミュージックステップの大きな特色ともいえるのが、2章でも紹介した頭声発声による歌唱への取り組みです。

三歳児の頃から頭声発声に取り組みはじめる実践園の子どもたちは、しだいに澄みきった美しい歌声を身につけ、年中児にもなると、年度末の発表会で、頭声独特のワイングラスが共鳴するような感動的な歌声を聴かせてくれるようになっています。

もっとも、ミュージックステップが幼児に頭声発声による歌唱指導を行なっているのは、単に高い音楽性を追求するためではなく、むしろ、いちばんの目的は、子どもたちの声帯を守ることにあります。

というのも、「歌にはじまり、歌に終わる」といわれるほど、幼児教育にとって歌は欠かせない存在です。にもかかわらず、歌唱法となると、何はともあれ「大きな声で元気よく」というワンパターンの指導に陥りがちです。

ところが、地声を大きく張り上げる怒鳴り声（＝強声発声）は、声帯を強く振動させるので、こうした歌い方をくり返していると、本来、細くて長い幼児の声帯は、その負担に耐えるため、しだいに太く短い状態に変化していきます。これが、ダミ声やかすれ声など、いわゆる悪声の原因となり、一度変形した声帯は元に戻らなくなってしまいます。

では、一般的な歌唱指導に用いられる発声法（＝胸声発声）ならどうかというと、胸声は強声以上に、声帯を広範囲にわたり強く振動させるため、負担はさらに大きく、これまた、幼児の発声法には適していません。

こうしたことから考えると、声帯の運動量がきわめて少なく、のどに負担をかけない頭声、または弱声での発声こそが、未発達でデリケートな幼児の声帯を守り、美しい声を維持するための理想的な歌い方ということになるわけです。

また、「声で歌わず、響きで歌う」ともいわれる頭声発声は、強声や胸声のように声帯の振動音そのものを聴くのではなく、その共鳴音を感じるため、自分の声が聴き取りやすく、音程やハーモニーをしっかりと意識して歌うのにもっとも適した歌唱法でもあります。

これが、子どもたちに頭声発声を指導する、もう一つの大きな理由で、聴音や聴唱、聴奏といった取り組みのなかで培われた音感が、美しいユニゾンやハーモニーを可能にするとともに、正しく響き合う音、澄み切った声を意識しながら歌うことで、さらにその音感が研ぎ澄まされていくという、ミュージックステップならではのすばらしい相乗効果が生まれるのです。

▲独自の指導法で無理なく頭声をマスター

美しい頭声発声をマスターするには、それなりの時間と経験を要するものです。そのことが、本来、幼児にもっとも適した頭声発声が敬遠されがちな要因ともなっているわけですが、ミュージックステップでは、ここでも他の取り組みと同様、「教えず感じさせる」独自の方法で、幼児が無理なく頭声を身につけていけるよう、ちゃんと工夫されています。

その方法はというと、まず歌いはじめる前に、子どもたちには、次の三つの点を意識させます。

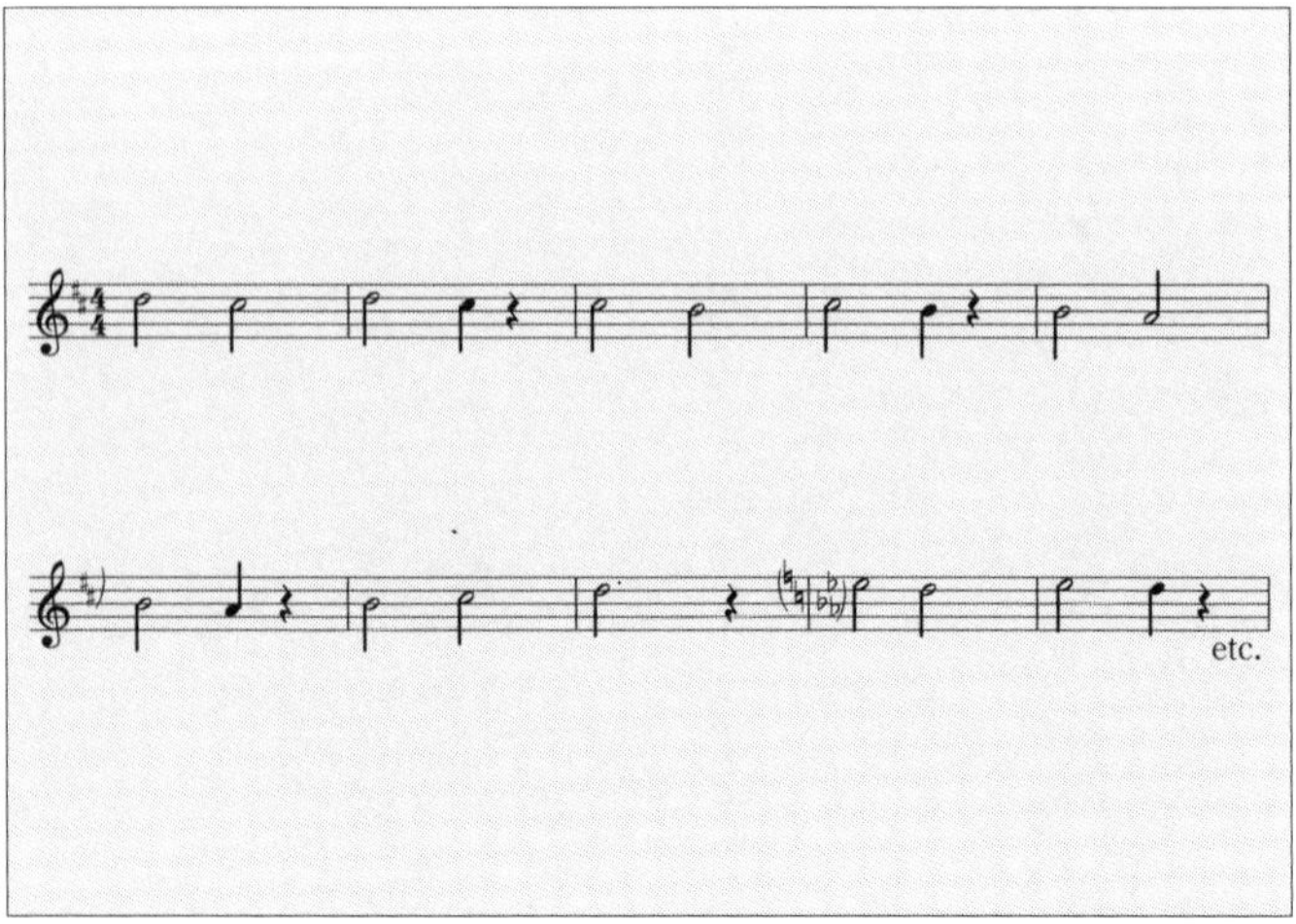

頭声発声フレーズの一例

①歌う前に、かならず姿勢を正す

正しい発声には、正しい呼吸法（腹式呼吸）が欠かせませんが、初歩の段階では、まず「両足を少し開いて体重を均等にかけ、肩に力を入れずにゆったりと立つ」という基本姿勢を意識することからはじめます。

②階名唱を避け、つねに「ルー（LOO）」で発声させる

口の中に声をこもらせては、美しい頭声は生まれません。そのため、口の前方で発音するLOOで発声練習をくり返すことが、頭声のコツをつかむいちばんの近道なのです。

③発声はかならず弱声で行なう

怒鳴り声は絶対に避け、「弱い声で美しく」を目標に、正しい音程と美しい響きを意識し

ながら歌うように心がけます。

そして、あとは、私の考案した「頭声発声フレーズ」（前頁の楽譜はその一例）を歌うだけです。この「頭声発声フレーズ」の最大の特徴は、つねに高いレからはじまっていることです。なぜ、高いレなのかといいますと、高いド（真ん中のドから一オクターブ上の音）までの音は、胸声でも歌うことが可能ですが、高いレより上の音は胸声ではまず発声できません。つまり、言葉を替えれば、高いレは、意識しなくても自然に頭声になりやすい音なのです。

そこで、つねに高いレからはじまるフレーズで練習をくり返すことで、幼児たちはしだいに美しく共鳴する頭声発声のコツを感覚的につかんできます。そして、「つねに高い音を歌っているつもりで」と意識させることで、少しずつ低い音域をも頭声で歌えるようになってくる、というわけなのです。

▲みんなで一つの歌声をつくる感動体験

ふつう、合唱というと、何人かのとくに歌唱力のあるメンバーが中心になって声を出して全体を引っ張っていく、というかたちをとることが多いものです。ところが、そうした通常のパターンがまったく通用しないのが、じつはこの頭声発声です。

なぜかというと、声帯を微かに震わせて共鳴させる頭声と、声帯を強く振動させる地声とでは、性質が水と油なのです。そのため、たとえ五〇人中、四九人がどんなに頑張って頭声で歌っても、たった一人の地声が混じっただけで、その美しい歌声は台無しになってしまうのです。

では、はかなげでデリケートなのが頭声の特徴かというと、けっしてそうではありません。ひとたびメンバー全員が気持ちを一つにして、正しい音程で声を合わせると、一つひとつの小さな歌声は互いに共鳴し合って一気に増幅され、大きなホールの隅々まで響き渡るような感動的な音色が生まれます。

つまり、頭声による合唱とは、みんなが互いの声を感じ合いながら、全員で一つの歌声を作り上げていく究極のグループ体験であり、まさに感育そのものなのです。

また、全員が「その気」にならなければ成り立たない頭声だからこそ、みんなの声が互いに響き合い、一つになったときに得られる感動というのは、子どもたちの感性の深い部分までも揺さぶる、何ものにも替えがたい貴重な体験となるのです。

その象徴ともいえるのが、実践園の発表会などでたびたび出合う、子どもたちが合唱しながら涙を浮かべる光景です。まだほんの小さな幼児たちが、音という、かたちのないものに感動し涙するなどということを、ふつうは誰も想像しないでしょう。ところが、子どもたちが無心に声を合わせるとき、その「感じる」力は極限まで高められ、互いに共鳴し合う美しい響きに心をも震わせるのです。

そして、こうしたすばらしい感動体験を積み重ねていくことによって、「感じる」時期にある幼児たちは、さらにその能力を高め、より豊かな、そして高度な感性を身につけていくのです。

ほんとうの「自由な表現力」を目指して

▲「感じる時期」だからこそ個性を表現する機会を

さらに、１章の冒頭でご紹介した作曲など、従来の幼児教育では考えられなかったほど、自由に創作や表現を楽しむ取り組みが用意されているのも、ミュージックステップならではの特色と言えるでしょう。

「一人ひとりの個性を大切にし、自由にのびのびと表現させる」——言葉で言うのは簡単ですが、じつは、幼児にとって、これほどむずかしい取り組みはありません。

なぜなら、幼い子は、まだ「自由」という言葉のほんとうの意味も、「自由にやる」ことの楽しさ、面白さも知りません。ですから、お絵描きやお遊戯にしても、先生がいきなり「さあ、自由に描いてみましょう」「好きなようにやっていいんですよ」と呼びかけても、ほとんどの子どもは、何をすればよいのかわからずに戸惑ってしまうのです。

まして、リズムやメロディー、ハーモニーなど、たくさんの複雑な要素から成る音楽では、自由な表現を楽しむにも高度な音楽性が要求されるため、幼児には到底無理な取り組みだと考えられてきました。

しかし、もっとも感じる時期にある幼児の内面には、すでにその子なりの感じ方やイメージの世界といったものが芽生えはじめています。そうした個々の感性を表現する機会を、まだ十分な音楽的能力がないという理由から遠ざけてしまっては、とくに最近の子どもたちに欠けているといわれる、豊かな創造性や生きいきとした表現力といった能力は育っていきません。

そこで、ミュージックステップでは、「なんとか幼児にも、自分が感じたままを自由に表現する楽しさを体験させてあげたい」と考え、子どもたちのステップの段階に合わせ、カリキュラムの随所に、そのための課題が用意されているのです。

▲自由なリズム打ちは創作の原点

まず、カリキュラムがスタートして間もない頃に、幼児たちが最初に体験するのが、「音楽に合わせて、自由に手を打つ」という課題です。

もし、お子さんが満二歳以上でしたら、次の要領で、ご家庭でもぜひ試してみてください。

まず、誰でも知っている、易しい曲のCDかテープを用意します。ここでは、例として「キラキラ星」を使用していますが、もちろん他の曲でもかまいません。

取り組みにあたっては、リーダー役一人（先生、お母さん）と、受け手となるメンバー（子ども）が複数必要ですので、ご家庭では、お子さんのお兄さんやお姉さん、お友達、お父さんなどにも一緒に加わってもらうようにします。

さて、メンバーが揃ったら、いよいよ取り組みのスタートです。

「さあ、これから、とっても楽しいリズム打ちをやります。音楽を聴きながら、自分の好きなように手を叩いてみましょう。ただし、絶対に他の人の真似をしちゃダメだよ」

こう言って、リーダーは音楽に合わせて手を叩きはじめます。

ここでのポイントは、リーダーが、たとえば、上に示したリズム譜のように、わざと幼

キラキラ星リズム譜

児には真似のできない、むずかしいリズムで手を打つことです。

二、三歳の幼児は、「好きなように手を叩く」ことや、「人の真似をしない」という言葉の意味がはっきりとはわからないので、リーダーが手を叩きはじめると、無意識にそれを真似ようとします。しかし、リーダーの打つリズムが複雑で、しかも次々に変化していってしまうと、やがて幼児は真似することをあきらめ、自分なりのやり方で手を叩きはじめるのです。

いい替えれば、子どもたちは、とにかく自己流にやってみるしかない、という状況に置かれることで、「自由に表現する」とはどういうことかを、自然に感じ取っていくわけです。

しかも、興味深いのは、最初はまったくデタラメに手を叩いている子どもたちも、しばらくやっているうちに、「ときどきみんなと（手を打つタイミングが）合うのが面白い」とか、あるいは「合わないでバラバラなのも面白いな」などと、さまざまなことを感じながら、しだいに「自分はこう叩くんだ」「こんなふうに叩いてみたい」という、その子なりの主張が生まれてくることです。

これこそ、まさに創作の原点といえるでしょう。

そして、また、こうした取り組みは、リーダー役である先生やお母さんが、「教える」のではなく「ともに楽しむ」という意識をもっていれば、子どもたちにとって、このうえなく楽しい遊びにもなるのです。

▲五歳児では本格的な曲作りに挑戦

毎日の取り組みのなかで、子どもたちのリズムや音階を意識する力がしだいに高まってくると、それに合わせて、創作の課題も少しずつ高度なものになっていきます。

たとえば、年中児では、与えられたメロディーに、クラス全員で歌詞を考え、完成した曲をみんなで歌ったり、合奏して楽しむ課題が登場します。

さらに、五歳児になると、あらかじめ設定された一、二小節のメロディーの続きを書いてみる、リズム遊びのなかで即興的に数小節分のリズムを考えて手を叩く、といった課題をこなしながら、着実に表現力や発表力を身につけていきます。

そして、本格的に曲作りに挑戦するようになるのが五歳児の後半からです。この時期になると、すでに大半の幼児が、絶対音感を身につけ、頭の中で音階やリズムを組み立てる能力（ソルフェージュ感）や、それを五線譜に書いて表現する能力も十分に育ってきています。

そうした「感じる」力が最高潮に達した幼児たちにとって、作曲は、旺盛な好奇心や挑戦意欲を思う存分発揮できる絶好の取り組みであり、またもっとも目を輝かす瞬間でもあるのです。

はじめは、まず歌詞とリズムが設定された課題に取り組みますが、慣れてくると、作詞から作曲まで、すべてを子どもが自分で作って楽しむようになります。

もちろん、最初から、音楽的に完成度の高い作品ができ上がるわけでありません。

たとえば、ハ長調の曲の場合、最後はドの音で終わるとおさまりがよいのですが、そうした予備知識のない幼児が自由に曲を作ると、メロディーが途中でぶつっと途切れたよう

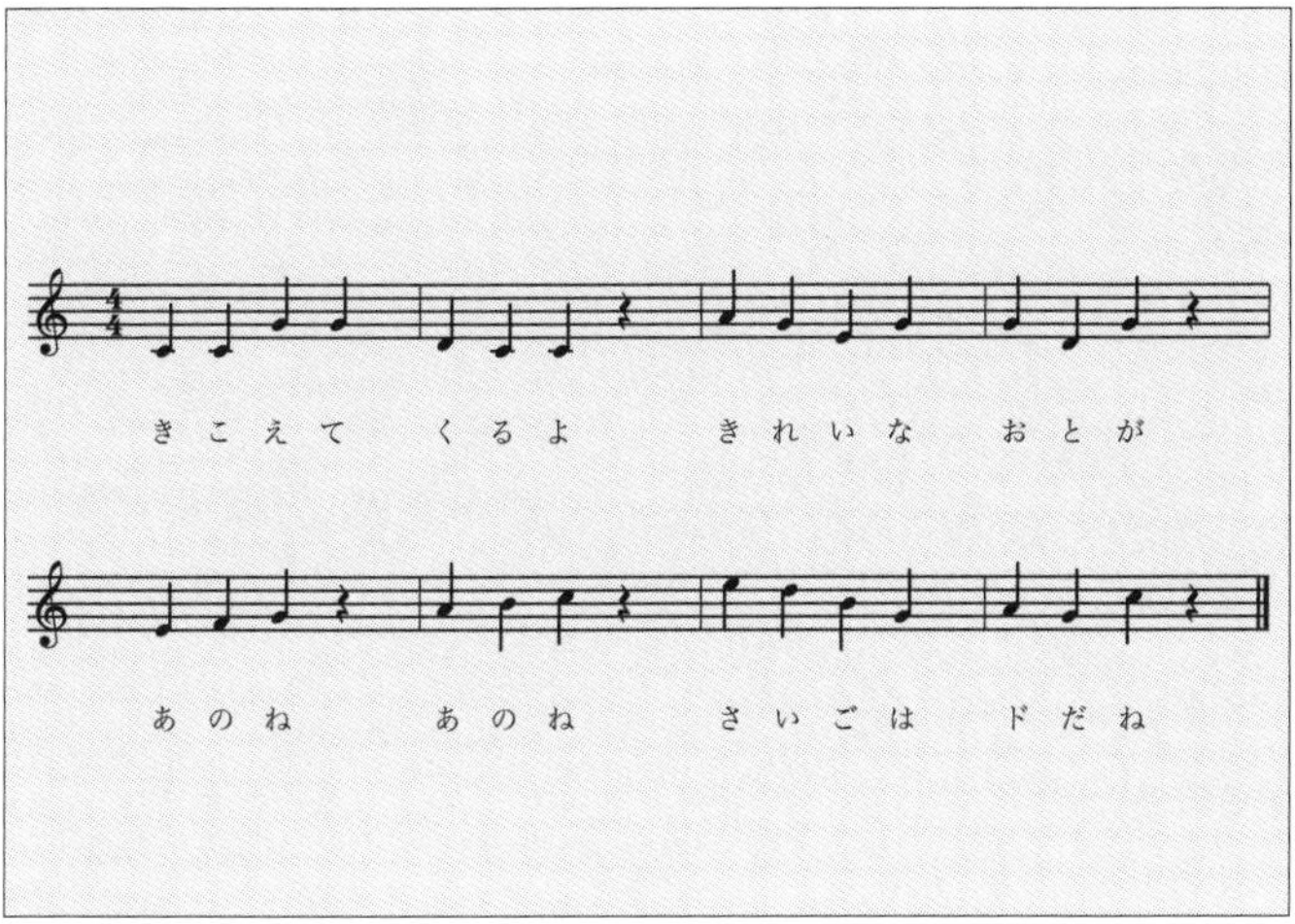
きこえて　くるよ　きれいな　おとが
あのね　あのね　さいごは　ドだね

「最後の音は……」

な終わり方になってしまうことが多いものです。

　そんなときも、けっして「こうしなさい」と答えを教えるのではなく、先生がピアノでいろんな音で終わるパターンを弾き、「どの音で終わるのがいちばん心地よいか」を子どもたち自身に聴き比べさせることで、自然に法則性を感じ取らせていくのです。

　じつは、都内のある実践園の五歳児が、自由なテーマでの曲作りに取り組むなかで、そのときの体験をそのまま歌にしてくれています。それが「最後の音は……」という曲ですが、私は、これを担任の先生から見せていただいたとき、思わず感激で胸がいっぱいになりました。その音楽性もさることながら、自分が感じたことを素直に歌にできる、のびのびとした感性と豊かな表現力——なんと素敵な子どもが育ってくれているのでしょうか。

幼児教育の現場では、「自由」という言葉は、ともすると、ただ好き勝手に子どもを遊ばせておくだけの「放任」と混同されがちです。

自由と放任の大きな違いは、そこに行動を起こそうとする幼児の明確な意志や主体性といったものがあるかどうかにあります。その意味で、ミュージックステップは、ほんとうの「自由保育」のあり方を示すもの、といってもいいのではないでしょうか。

4章

親子でミュージックステップを楽しむ

お子さんと一緒にミュージックステップをはじめてみよう

◆家庭でも気軽にはじめられる

昭和五八年から本格的な普及を開始したミュージックステップ（ＭＳ）は、これまで述べてきたように、おもに幼稚園や保育園を中心に展開され、その実践園は、北は北海道から南は沖縄まで、そして最近ではお隣の韓国にまで広がりをみせています。

こうした動きを支援するために、さらには、近所に実践園がない場合でも家庭でミュージックステップを実践できるようにするために、このたびミュージックステップの教本を全面的に改訂しました。幼児がその発達段階に応じて、より楽しく「感じる学習」を体験できるようにし、カリキュラムの内容に添った指導用ＣＤも用意しました。

このＣＤには、リトミックの伴奏や課題曲などはもちろん、実際の取り組みの進め方がそのまま体験できるよう、先生のナレーションも入っていますから、幼稚園や保育園はもちろん、ご家庭でも、安心して学習がはじめられるようになっています。

もし本書をお読みいただき、「かけがえのない幼児期だからこそ、子どもには、こんな体験をさせてあげたい」、あるいはお母さん自身が「私も小さい頃、こんなふうに楽しく音楽とふれ合いたかった」と感じていただけたとしたら、こうした教材を利用して、お子さんと一緒に、心ゆくまで「感じる体験」を楽しんでみてはいかがでしょうか。

◆「音楽が得意」でなくても大丈夫

お母さん方のなかには、「本格的に音楽のレッスンを受けた経験がほとんどない」「音痴だから」といった理由から、「いくらCDの通りやればいいといっても、私と子どもだけで取り組みを進めるのは、やはり少し不安」と思っている方もいらっしゃるかもしれません。ところが、ミュージックステップをはじめるにあたっては、専門的な知識はまったく必要ありませんし、むしろ、お母さんが音楽に少し苦手意識をもっているぐらいのほうが、「教えずに感じさせる」理想的な学習環境が生まれやすいのです。

というのも、とかく音楽に自信があるお母さんというのは、お子さんに対しても、ついあれこれ教え込みたくなり、「子ども自身に感じさせる」という、いちばん大切なポイントがなおざりにされがちだからです。

また、お母さんに余計な先入観がないほど、子どもと同じ目線、同じ気持ちで、取り組みに挑戦することができ、課題をクリアしたときも、「できた！」「やったね！」とお子さんとともに心から喜びを分かち合うことができます。そうした自然に生まれる楽しい雰囲気こそが、お子さんの音への興味をより深めていくのです。

実践園を見まわしてみても、子どもたちが無我夢中で楽しんでいるうちに、クラスの大半が知らないうちに絶対音感を身につけてしまう、そんなすばらしい学習の進め方ができる先生のなかには、音楽が苦手なため、新任の頃、「ほんとうに私でもやっていけるかしら」と不安を抱えていた先生も少なくありません。

ミュージックステップの取り組みを進めていくうえで、何よりも大切なのは、子どもとともに楽しみ、共感し合う心なのです。ですから、音楽は学校の授業でしか習ったことがない、というようなお母さんでも、どうぞ安心してチャレンジしてください。

COLUMN

「こんな私でも楽しい授業ができる」

ピアノが苦手な私が、どうやって子どもたちに音楽を教えたらいいのだろうか。新米の私は雲をつかむようでした。実際、なかなかうまくいかず情熱だけが空回りしているような毎日でした。ミュージックステップに出合ったのは、そんなときです。

ミュージックステップの感覚学習を通して、子どもたちは音で遊ぶことやイメージを膨らませることが大好きになっていきました。それを見ていて、これこそ幼児の得意な領分なのだと実感しました。

私は音楽が専門ではありませんが、子どもたちの反応が想像以上にいいので、毎日の保育がほんとうに楽しくなりました。「こんな私でも子どもが喜ぶ楽しい授業ができる」「子どもが驚くほど成長する」。そうしたなかで、私も子どもたちと成長させてもらっていると感じるようになりました。

音遊びを通して、子どもたちは「できる体験」を重ねていきます。「できた喜び」は次も「やってみたい」という挑戦意欲を育てます。そのくり返しのなかで、子どもたちの集中力も驚くほど高まってきます。絶対音感の定着も目を見張るようでした。

こうしてミュージックステップで発揮される子どもたちの集中力は、音楽活動のみならず、日常の保育活動にも良い影響を与えてくれるようになりました。何よりも、先生の指示をしっかり聞けるので、どんな活動も整然とスムーズにこなせます。協調性や自制心も育ってくるので、子どもたちが自ら互いに秩序を維持しようと意識し合うようになります。ですから、大きな声で叱ったりするようなことはほとんどなくなりました。

おかげで、いつも心のゆとりをもって、子どもたちに気持ちを向けることができるようになり、子どもたちとの交わりを楽しみながら保育に当たることができました。この体験は、私を教師としてだけでなく、人間としても大きく成長させてくれました。

――実践園の先生

◆ミュージックステップの適齢期は?

では、ミュージックステップは、いったい何歳からはじめるのがよいのでしょうか。

現在、幼稚園では三年保育が一般的となっていることもあり、ミュージックステップの標準的なカリキュラムは、三歳児から三年間で一通り体験することを想定して組まれています。

しかし、これはかならずしも、満三歳前後にならないとはじめられない、ということではありません。

実際、いくつかの熱心な保育園では、「どうせなら、できるだけ幼いうちから、ミュージックステップの環境を体験させてあげたい」と、一歳児、二歳児から積極的に取り組みをスタートさせ、すばらしい成果を上げています。

もちろん、ひとくちに「幼児」といっても、一歳児と二歳児、三歳児では、それぞれ身体能力や感じ方、理解力もまったく違いますから、同じ内容を同じペースで消化できるわけではありませんが、「感じる」ことが大好きな点はまったく一緒です。簡単なリトミックやお話、フラッシュカード、リズム打ちといった取り組みに、まだほんのカタコトしか話せないヨチヨチ歩きの一歳児でも、ほんとうに楽しそうに目を輝かせて集中するのです。

そうしたことを踏まえ、二歳児用の教材「ミュージックステップ1」では、まだ二歳児にはむずかしいコーデル奏や聴音などの取り組みを除き、リズム打ちを中心に、無理なく「できる体験」を積み重ねながら、感じる力を高めていけるように配慮されています。

二歳児からスタートする場合には、この「ミュージックステップ1」を修了したあとに、三歳児以上を対象とした教本「ミュージックステップ2～7」に取り組んでいただければ、より効果的な感覚学習が可能になります。また、一歳からスタートする場合には、「ミュージックステップ1」の最初の三、四課題を一年間かけて取り組むぐらいの、ゆったりしたペースで進めていただくといいでしょう。

一方、お子さんがすでに四～五歳になっている場合も、けっしてはじめるのに遅すぎるということはありません。感覚的な吸収にもっとも適した時期（臨界期）といわれる五歳

半くらいまでに、楽しみながら、できるだけ多くの音の刺激を体験することで、絶対音感の定着もまだまだ可能ですし、もっとも「感じる時期」である幼児期に、心ゆくまで「感じる体験」をさせてあげることが、お子さんの感性を豊かにするとともに、左脳の発達をも促していくのです。

ただし、時間的に限りがありますから、全部の教本を無理に消化しようとするのではなく、四歳児からはじめる場合には、三歳児と同じ「ミュージックステップ2」からスタートして、就学前に「ミュージックステップ6」を修了するくらいを目安に、また、五歳児からはじめる場合は、すでに「理屈で考えて理解する」左脳的な思考もかなり発達していることを考慮し、「ミュージックステップ4」からはじめて、「ミュージックステップ5」の修了を目安に学習を進めていただくといいと思います。

ご家庭でミュージックステップをはじめるには

◆学習に必要なものは？

ご家庭でミュージックステップの取り組みをはじめるには、教本、指導用CDと、それに付属した指導の手引きのほか、三歳児以上のカリキュラムにはコーデル（和音笛）と鍵盤楽器が必要となります。

コーデルは、一般の楽器店では入手しにくいこともあり、教材と一緒にお問い合わせいただくといいでしょう。

鍵盤楽器に関しては、実践園ではおもに、価格が手頃で、幼児にも持ち運びがしやすい鍵盤ハーモニカを使用していますが、もしすでにご家庭にピアノやエレクトーンがあれば、それをお使いいただければいいと思います。オクターブのキーを使用すれば、一台でも十分、お子さんと一緒に鍵盤奏の取り組みを楽しむことができます。

ただ、一つだけ注意していただきたいのは、使用する鍵盤楽器が正しく調律されている

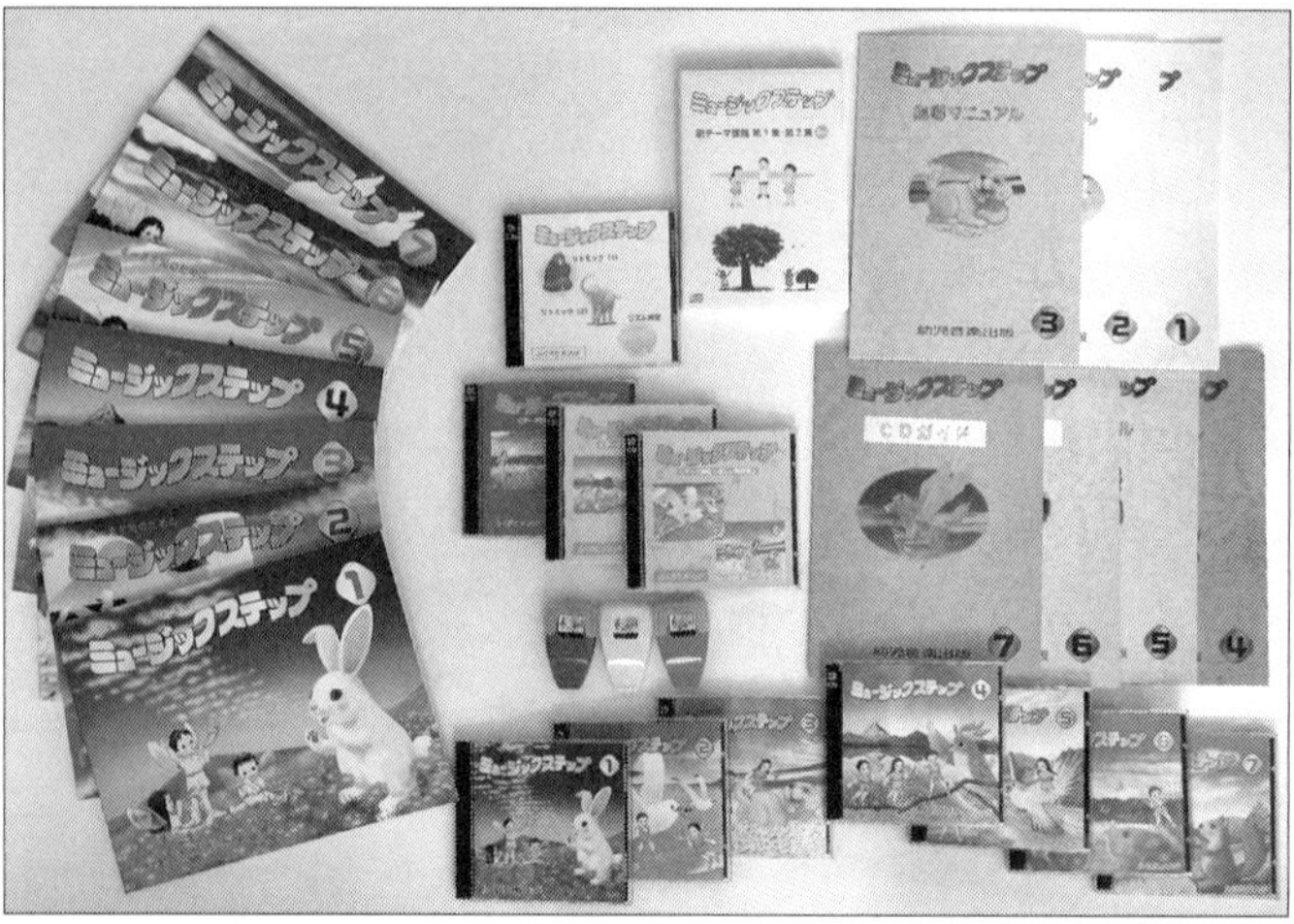

学習をはじめるのに必要なワンセット

かどうかです。すでにお話ししたように、絶対音感とは、楽器に頼ることなく、正確な音階名を聴き分ける能力をいいますが、音感の定着するプロセスで、基準となる音が狂ったままの状態で学習をくり返すと、間違った音感がそのまま身についてしまう恐れがあるからです。

とくにピアノや鍵盤ハーモニカは、使っているうちに少しずつ音程が狂ってきやすいので、またとない絶対音感定着の機会を無駄にしないためにも、取り組みをスタートするときはもちろん、できればその後も定期的にメンテナンスを受けるようにしたいものです。

その他、取り組みのなかで、フラッシュカードやアイマスクを使用することがありますが、これらは、フラッシュカードにはボール紙などの厚紙、アイマスクにはタオルや手ぬぐいなど、ご家庭にあるものを使っていただければ十分です。

◆できれば兄弟や友達と一緒に楽しもう

ミュージックステップでは、すでにお話ししたように、グループ学習を原則としています。これは、仲間が多いほど、「みんなと一緒にやってみよう」という積極的な参加意欲が生まれやすいのと同時に、お互いの関係のなかで、ルールやけじめの大切さを自然に感じ取ったり、楽しさや達成感を共有し合ったり……、というグループならではのすばらしい効果が生まれるからです。

とはいえ、ご家庭では、実践園のような大人数のグループで学習を進めることはむずかしいでしょう。そこで、まず何よりお母さんに心がけていただきたいのは、お子さんに「やらせる」という「先生」の立場ではなく、同じ「仲間」という意識をもって、一緒に課題に挑戦していただくことです。そうすれば、お子さんと二人だけでも、十分に楽しい学習ができるはずです。

そして、もし、他にも兄弟がいれば、ぜひ一緒に加わってもらいましょう。あるいは、仲のいいお友達や、お父さんに参加してもらってもかまいません。毎回同じメンバーでなくとも、「感じ合う」仲間が増えるということで、取り組みは一段と楽しいものになります。

家庭学習の上手な進め方

◆成功の秘訣はお母さん自身が楽しむこと

くり返しになりますが、家庭での学習の成功の秘訣、それは、お母さんが「先生」という立場ではなく、同じ「仲間」として、お子さんとともに心から取り組みを楽しむということに尽きます。

幼児の自発的な意欲は、楽しさからはじめて生まれるものであり、その自発性こそが、日々の取り組みのなかで、「感じる力」を最大限に引き出す唯一の方法だからです。

ですから、取り組みの途中で、進め方が間違っていないかどうか不安に感じることがあったら、あまり細かいことに神経質になるより、「お母さん自身が楽しんでいるかどうか」を判断の基準にするとよいでしょう。

たとえ、順調に課題をこなしていても、もしお子さんと対していて、お母さんに「楽し

い」という実感がなければ、取り組みそのものが、ミュージックステップ本来の姿とはかけ離れた強制や教え込みになっていることを意味します。逆に、お母さん自身が心から「楽しい」と実感できれば、けっして方向性は間違っていないはずですから、自信をもって学習を進めていただいてかまいません。

そして、お子さんと一緒に課題をクリアしたときはもちろん、お子さんが進歩や頑張りを見せたら、ほんのささいなことでも、「やったね」「すごいね」と、言葉を惜しまずに、心からほめ、また喜びを分かち合ってください。「できた！」という達成感、充実感を心ゆくまで味わうことで、お子さんの挑戦意欲は、さらに高まっていくのです。

◆短時間でも毎日続けることが原則

「一日休めば、二日後退」といわれる感覚学習は、毎日の積み重ねがたいへん重要な意味をもっています。

実践園の子どもたちを見ていても、一カ月以上、取り組みから遠ざかっている夏休み明けはもちろんのこと、たった一日休みをはさんだだけでも、音の感じ方は、休み前の状態と比べ、少し鈍くなっているものなのです。

その点、休日に関係なく、毎日取り組むことができる家庭学習は、むしろ有利な条件にあり、より短い期間で、絶対音感を身につけることも可能な環境といえます。そこで、忙しい日は、ほんの短時間でもかまいませんので、できるだけ休まずに続けるようにしてください。

実際に、毎日欠かさずに取り組みを続けていると、リズム打ちなどの初歩の取り組みにしろ、聴音や聴唱などにしろ、お子さんの音への反応が日に日に敏感になっていくのが、はっきりと実感していただけるはずです。

また、一回の取り組みに要する時間は長くても三〇分程度ですが、もしお子さんが心から楽しんでいるようであれば、ＣＤの必要な部分を何度くり返してもらってもかまいません。

一方、やむを得ず、取り組みを休んでしまった場合ですが、「遅れを取り返そう」と、あせって先を急ぐのは逆効果です。お子さんに無理をさせて、「できない」「わからない」と感じさせてしまっては、せっかく育った音への興味を失わせてしまうことにもなりかねません。

とくに、学習を再開しても、お子さんの反応が今一つ、というようなときは、少し前の課に戻って、お子さんが無理なく「できた！」と実感できる取り組みから、あらためて再スタートするくらいの余裕をもって学習を進めたほうがよい結果が生まれます。

◆学習進度の目安

ミュージックステップの教本は、一八四頁の表のように、二歳児用（一冊）、三、四、五歳児用（各二冊）を、それぞれ、およそ一年かけて進めることを目安に作られています。

しかし、これは、毎日の取り組み時間に限りがあり、休みや行事などによってもブランクが生じがちな幼稚園や保育園での実践を想定したものです。

家庭で毎日取り組みを続けていく際には、たとえば三歳児用の教本を半年で終えてしま

表　各ステップの目標

2歳児	2				MS1 グレード10級	2歳児には、教えなくてもできることから。
3歳児		3			MS2 グレード9級	高い音、低い音がわかり、ドとソの聴音、聴唱そして鍵盤奏に取り組む。
			4		MS3 グレード8級	ドレ、ドレソ、ソファ、ソファド、ドレファソと、課題の進度に沿って音を展開する。
4歳児					MS4 グレード7級	ドレミファソラまでの音の展開。
					MS5 グレード6級	シド〜ドレミ。オクターブ以上にわたる音の展開。
5歳児				5	MS6 グレード5級	教本の後半には♯♭が加わってくる。
					MS7 グレード4級	♯♭を含めたすべての音の展開。

ったら、引き続き四歳児用の教本に取り組む、というように、前倒しにカリキュラムを進めていただいて差し支えありません。

　その場合、

①一つの課に一週間程度を目安に、くり返し取り組む

②教本に出てきた課題はすべて飛ばさずに体験する

の二点は、かならず守るようにしてください。

　また、次の課に進むタイミングに関しては、お子さんが自分から主体的に音を感じ、「できた！」と実感できているかどうかがいちばんのポイントです。別のいい方をすれば、本人が楽しんで反応できていれば、大人の目から見て〝完璧〟でなくてもいいのです。

1章でもお話ししたように、幼児の物事の吸収のしかたというのは、ひじょうに右脳的です。

まず物事を大ざっぱに捉え、何度も見たり聴いたりしているうちに、だんだんはっきり〝わかる〟ようになってくるというのが特徴です。

そこで、たとえば最初のリズム打ちで、少しくらい手を打つタイミングがずれていても、次の課、その次の課……、と少しだけ形を変えて出てくる課題に挑戦しているうちに、しだいに「そうか、こうやればいいんだ」というコツがわかってきて、いつの間にか、ちゃんと正しいタイミングで手が叩けるようになってくるものなのです。

そして、ミュージックステップのカリキュラム自体も、前の課で取り組んだことを、形を変えて、何度もくり返し体験できるように配慮してありますから、あまり神経質にならないことです。

無理に完璧さを求めて、同じことをあまり何度もくり返しやらせてしまうと、逆にお子さんが取り組みそのものに飽きてしまい、音への興味を失ってしまう可能性もあるので、くれぐれも注意してください。

◆着実にステップを重ねて級位を取ろう

ミュージックステップでは、新たな試みとして、学習の進み具合に応じた級位を設けることになりました。

級位は、二歳児用の教本「ミュージックステップ1」を修了すれば一〇級、三歳児用の「ミュージックステップ2」「ミュージックステップ3」を修了すれば、それぞれ九級、八級……と、一冊終えるごとに一ランクずつ上がっていくように設定されており、ご家庭でも、各教本修了時に、添付された申請書に必要事項を記入のうえ、お送りいただければ、級位の認定証を発行いたします。

また、最後の教本「ミュージックステップ7」（四級）まで修了した後、お子さんが自由に作曲した歌をお送りいただくと、さらに三級の認定が受けられるようになっています。

この級位は、いうなれば、幼児期という感覚吸収にもっとも適した時期に、着実に「感じる」力を高める体験を積み重ねた証しであり、お子さんはもちろん、先生やお母さんにとっても、学習を進めていくうえでの励みにもなると思いますので、つねに一つ上の級を目指してステップを積み重ねていってください。

そうすれば、見事、三級まで昇りつめたとき、お子さんは、絶対音感を身につけ、音楽が大好きになっているだけでなく、ルールやけじめを守れる、自分の意志で行動ができる、旺盛な好奇心と豊かな感性を備えている、といった風に、ほんとうの意味で「できる子」へと成長しているはずです。

ミュージックステップでは、今後、二級、一級といったさらに上の級位の内容についても検討していく予定ですが、ご家庭でも、興味のある楽器のレッスンをはじめたり、曲作りや合唱を楽しんだり……と、せっかく身につけた音感を生かす環境を与えてあげることで、お子さんの感性は、さらに豊かなものになっていくでしょう。

また、十分に「感じる」体験を積み重ねた子どもたちは、自然と「考える」ことへの興味も芽生えてきているはずですから、この頃から、本格的に左脳学習をはじめるのもいいでしょう。

ミュージックステップに意欲的に集中する幼児の脳は、「感じる」力を全開にして、私たち大人の想像をはるかに超えた「吸収」を行なっています。たとえば、自分で間違いを正せるのは、幼くても積極的に行動する能力があるからで、それは抑止力なども含めて、すべての感性を芽生えさせる素質を備えた状態にいることを意味しています。

これに対して、絶えず「教え込まれた」状態の幼児は、わからない問題に直面しても、先生の助けを借りて、そのたびに問題が解決するので、頼るという受け身の姿勢が強く根付いてしまいます。

さらに、もっと深刻なことは、素直に学習に参加できない子どもへの対処の仕方です。先生の力は「どう易しく教えればよいか」に注がれますが、子どもは本来、教え込まれること（強制）を嫌うので、教え込まれることに反応できる子と反応できない子の差はますます広がり、できない子は素直さを欠き、集中しない状態になっていきます。

こうした「教え込む」ことの反省から、「幼い子どもは自由にしたほうがいい」という考えがたちまち広がりましたが、そこには「放任」という落とし穴がありました。

今日、教育現場では、学級崩壊や学力低下、キレる子ども、校内暴力など、あまりにも多くの問題を抱えています。こうしたなかで、自由保育や知育偏重の弊害などから、幼児教育も反省が求められていますが、一方で、問題解決の糸口として、その果たす役割も大きくなってきています。とくに幼児期の教育には、私が「感育」と命名した「知育以前の取り組み」が何より重要で、私は、こうしたことを念頭に、ミュージックステップという教育システムの普及に努めてきました。このことは、音楽教育界はもちろん、幼児教育界に対しても一石を投じる、今までにない試みであると確信しています。

最後に、本書が刊行されるにあたっては、このシステムに賛同されて日々取り組んでこられた全国の実践園の園長先生をはじめ諸先生方に、たくさんのご支援とご協力をいただきました。また、この本に添えましたCDの収録では、I幼稚園の園児並びに合唱団の子どもたちが、とてもきれいな歌声を聴かせてくれました。さらに、資料収集や普及のためにご尽力くださった幼児音楽出版の小泉敏男社長、さまざまなアドバイスを含めて精力的に編集に取り組んでくださったコスモ21の山崎優氏と森みどりさん、その他にも多くの方々にご協力をいただきました。心より感謝いたします。

二〇〇三年四月

譜久里勝秀

【ミュージックステップに関する問い合わせ先】

幼児音楽出版
〒一二一 - 〇〇五三　東京都足立区佐野一 - 二〇 - 一〇
電話〇三 - 五六九七 - 六〇七〇　ＦＡＸ〇三 - 三六〇五 - 六四五九
URL：http://www.musicstep.com/index.html　E-mail：info@musicstep.com

参考文献

『幼児教育と脳』　澤口俊之（文春新書）
『平然と車内で化粧する脳』　澤口俊之（扶桑社）
『頭脳の果て――学習効果の限界に挑戦』ウィン・ウエンガー＆リチャード・ポー（きこ書房）

新装版 6歳までの脳は「絶対音感」で育つ

2003年5月30日 第1刷発行
2014年11月7日 新装版 第1刷発行

著 者――譜久里勝秀

発行人――杉山 隆

発行所――コスモ21
〒171-0021 東京都豊島区西池袋2-39-6-8F
☎03(3988)3911
FAX03(3988)7062
URL http://www.cos21.com/

印刷・製本――中央精版印刷株式会社

定価はカバーに表示してあります。

ISBN978-4-87795-301-0 C0030